VIE ILLUSTRÉE DE Joseph-Benoit-Marcellin CHAMPAGNAT

Prêtre Mariste

FONDATEUR

DE LA SOCIÉTÉ

Des Petits Frères de Marie

C. PAILLART, IMPRIMEUR-ÉDITEUR

ABBEVILLE

VIE ILLUSTRÉE

DE

JOSEPH-BENOIT-MARCELLIN

CHAMPAGNAT

ARCHEVÊCHÉ DE LYON

IMPRIMATUR

Lyon, le 1er Avril 1893.

J. DÉCHELETTE,

Vic. cap.

VIE ILLUSTRÉE

DE

JOSEPH-BENOIT-MARCELLIN

CHAMPAGNAT

PRÊTRE MARISTE

Fondateur de la Société des Petits Frères de Marie

ABBEVILLE

C. PAILLART, IMPRIMEUR-ÉDITEUR

des Brochures illustrées de Propagande catholique

—

1893

ÉVÊCHÉ

DE NIMES

Nîmes, le 28 juin 1885.

MON CHER ET TRÈS HONORÉ FRÈRE,

La *Vie de M. Champagnat*, dont vous avez bien voulu me faire hommage, est d'une lecture aussi instructive qu'édifiante. On apprend, en la lisant, combien grands ont été les mérites de ceux qui, au lendemain de la Révolution, ont ranimé la foi presque éteinte en France ; au prix de quelles sueurs ils ont défriché à nouveau ce sol où ne germaient plus guère que l'indifférence religieuse, le mépris des choses saintes, et trop souvent les vices qui en sont la conséquence.

M. Champagnat fut un de ces ouvriers modestes et infatigables dont les travaux se reconnaissent à leurs fruits. Vous dites excellemment comment, simple vicaire d'une paroisse perdue dans les montagnes, il ramena toutes les âmes à Dieu par la sainteté de sa vie et sa persévérance à catéchiser les petits. Dieu a récompensé son zèle. Il lui a donné d'être le père d'une florissante Congrégation, de continuer et de multiplier par elle le bien qu'il faisait ici-bas. De tels exemples sont à étudier, à imiter. Je vous sais gré de les avoir mis en lumière, et je souhaite qu'ils produisent aussi bien dans le sein du clergé paroissial, qu'au milieu de la société que vous dirigez avec tant de zèle et tant de profit pour l'Eglise, de nombreux imitateurs.

Recevez, mon cher et très honoré Frère, l'assurance de mes sentiments dévoués en N. S. Jésus-Christ.

† LOUIS, *évêque de Nîmes*.

ARCHEVÊCHÉ
DE BOURGES

Bourges, le 30 novembre 1885.

Mon très honoré Frère,

Vous avez bien voulu m'adresser un exemplaire de la *Vie* de votre vénéré fondateur, le R. P. Champagnat, et je me reproche de ne vous avoir point encore remercié de ce gracieux et pieux souvenir. Je voulais auparavant achever la lecture de ce volume qui avait pour moi plus d'un attrait, et mes occupations ont trop retardé, je le regrette, l'accomplissement de cette condition. Mais aujourd'hui je puis vous exprimer ma reconnaissance pour l'édification dont je suis redevable à cette belle vie et à son pieux auteur.

Que Dieu conserve votre Institut toujours animé, comme il l'est, de l'esprit de son Fondateur ! J'ai la consolation d'avoir dans mon diocèse quelques communautés de vos Frères ; je les aime, ils sont aimés de leurs curés, et je suis assuré que le R. P. Champagnat reconnaîtrait en eux ses véritables enfants.

Veuillez agréer, je vous prie, l'assurance des sentiments religieux avec lesquels je suis, mon très honoré Frère, votre très humble et dévoué serviteur.

† Joseph, *archevêque de Bourges.*

AVANT-PROPOS

Au mois de septembre de l'année 1828, dans une voiture publique, qui se rendait de Saint-Etienne à Saint-Chamond, se trouvaient deux prêtres et trois jeunes gens revêtus du costume religieux. Un des deux ecclésiastiques demanda à son confrère ce qu'étaient ces religieux dont la modestie le frappait : « Ce sont, lui répondit l'ecclésiastique « interrogé, des Frères qui font l'école aux petits « enfants des campagnes. — Quel nom portent-« ils? — Ils s'appellent les Petits Frères de Marie. « — Qui a fondé cette communauté? » Le prêtre, dissimulant son nom, répondit : « On n'en sait « trop rien. Quelques jeunes gens se sont réunis, « ils se sont tracé une règle conforme à leur but ; « un vicaire leur a donné des soins ; Dieu a béni « leur communauté et l'a fait prospérer au-delà « de toute prévision humaine. »

Quel était le prêtre ainsi interrogé? Quelle a été sa vie ? Quelle œuvre a-t-il fondée ? C'est ce que nous nous sommes proposé de dire succinctement dans les pages qui vont suivre (1).

(1) Consulter la *Vie de J.-B. Marcellin Champagnat*, 2 vol. in-12, par un de ses premiers disciples. — Procure des Frères Maristes, Saint-Genis Laval (Rhône).

Il y aura profit pour le lecteur, pensons-nous, à connaitre quelque chose de cette vie d'un humble prêtre qui, par des routes communes et ordinaires, a donné l'exemple de vertus solides et d'une vie parfaite. Nous voulons donc, dans cet abrégé, le montrer passant ici-bas, comme le divin Maitre, en faisant le bien et en mettant en pratique la devise qu'il avait adoptée pour lui et ses disciples: FAIRE LE BIEN SANS BRUIT. On le verra, armé de sa foi vive et de son inébranlable confiance en Dieu, poursuivre avec une constance invincible l'œuvre qu'il avait entreprise. On saura que ni les difficultés, ni les contradictions, ni les persécutions, ni la privation de tout secours humain, n'ont pu l'empêcher de marcher vers son but, qui était de procurer la gloire de Dieu, l'honneur de la Vierge Marie et le salut des âmes. Il sera pour tous une preuve vivante de ce que peut l'énergie de la volonté jointe à la vertu et à la grâce de Dieu.

Il nous est doux de penser que ces pages, en faisant connaître l'un des plus fervents serviteurs de Marie, seront agréables à cette auguste Mère de Dieu et pourront contribuer à la faire honorer et aimer. Il est impossible, en effet, de lire, sans en être touché, les faveurs dont elle a récompensé l'humble prêtre, pour sa confiance en sa maternelle bonté, et pour son zèle à répandre son culte.

VIE

DE BENOIT-JOSEPH-MARCELLIN

CHAMPAGNAT

PRÊTRE MARISTE

FONDATEUR DE LA SOCIÉTÉ DES PETITS FRÈRES DE MARIE

CHAPITRE PREMIER

Naissance, parents et première éducation de Marcellin Champagnat

Vers la fin du XVIIIe siècle, au hameau du *Rosey*, qui fait aujourd'hui partie du département de la Loire, vivait du produit d'un modeste moulin et de quelques arpents de terre, une famille nombreuse dont le père se nommait *Jean-Baptiste Champagnat* et la mère *Marie Chirat*. Au sein de cette famille florissaient les vertus chrétiennes et les mœurs patriarcales dont le spectacle devient de plus en plus rare de nos jours.

Le Rosey était de la paroisse de *Marlhes*, sise vers la partie occidentale des monts Pila. Ces montagnes, qui se relient à celles du Velay et du Vivarais et appartiennent à la grande chaine des Cévennes, étaient habitées par une population vigoureuse et sobre, vivant sous la double protection de saint François Régis, à la Louvesc, et surtout de Notre-Dame de France, la Vierge des anges, la Reine du Puy.

2

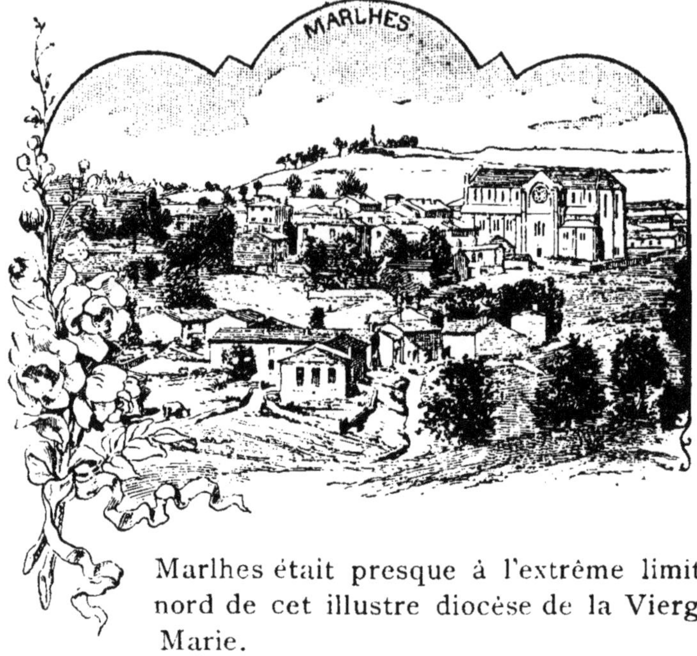

Marlhes était presque à l'extrême limite nord de cet illustre diocèse de la Vierge Marie.

Le meunier du Rosey, intelligent et actif, tout en élevant sa famille, en cultivant sa terre et en faisant tourner les meules de son moulin, avait acquis une grande considération dans le pays. On le prenait volontiers pour arbitre des différends qui pouvaient surgir entre voisins, et il exerçait dans ces vallées et ces montagnes une sorte de magistrature qui était généralement acceptée.

Les Etats généraux, réunis à Versailles, avaient depuis quelques jours ouvert largement l'ère de la Révolution, lorsque le 20 mai 1789, dans ce beau mois consacré à Marie, naquit au moulin du Rosey un neuvième enfant, un garçon. La famille n'était pas riche, mais elle n'en accueillit pas moins avec joie la venue de ce nouveau membre. De quoi se serait-elle inquié-

Village et Eglise de Marlhes.

tée ? La Providence, qui donne aux petits oiseaux leur pâture et au lis de la vallée son incomparable blancheur, ne prendrait-elle pas soin de cet enfant, dont la naissance réjouissait les anges, et à qui le ciel préparait un trône et une couronne ?

L'enfant fut baptisé le lendemain de sa naissance, qui se trouva le jour de la fête de l'Ascension (21 mai 1789). Il reçut les noms de *Joseph-Benoît-Marcellin.*

Sa mère, fort peu au courant des *Droits de l'homme*, si grandement préconisés par les politiques d'alors, remplissait avec amour et ferveur tous les devoirs de la femme chrétienne, nourrissant ses nombreux enfants, et leur donnant les premiers et nécessaires enseignements conformes à leur grandeur de fils de l'Eglise et de frères de Jésus-Christ. Connaissait-elle une autre noblesse ? Le sentiment qu'elle avait de celle-ci l'empêchait de rien désirer autre. Ses enfants, grâce à ses soins, apprenaient tout d'abord à joindre

Maison du P. Champagnat.

les mains, à saluer le petit Jésus et la bonne Vierge, et à faire le signe de la croix. Les premières paroles qu'ils prononçaient étaient les noms du Sauveur et de sa sainte Mère ; tout petits, ils savaient réciter le chapelet, et ensuite lire ou du moins écouter la vie des saints.

Dans le souci du salut des âmes qui lui étaient confiées, la vertueuse mère avait, sans prédilection toutefois, une déférence singulière pour son petit Marcellin. Elle avait comme le pressentiment qu'il serait quelque chose, non pas de grand, mais de particulièrement bon devant le Seigneur. Plusieurs fois, en s'approchant pour le prendre dans son berceau, elle avait vu s'élever de la poitrine de ce petit enfant, comme une sorte de flamme qui voltigeait autour de sa tête et se dissipait ensuite, en laissant à la mère surprise et ravie un sentiment d'admiration et de reconnaissance plutôt que de frayeur. Tout en se confiant à ce présage et s'y complaisant, la sage chrétienne ne songea pas à faire donner à son fils une éducation différente de celle de ses frères. Marcellin apprit ses prières et fut, dès son bas âge, appliqué aux divers petits travaux que l'agriculture et le soin du ménage peuvent, aux champs, réclamer des petits enfants.

La Révolution, qui chassait les curés de leurs paroisses, faisait le siège de Lyon et jetait de grandes alarmes dans tout le Pila, y troubla peut-être les écoles. Les enfants du Rosey du moins en usèrent peu. Cependant les montagnes où ils vivaient avaient beau tressaillir, elles servirent volontiers d'asile, et la charité s'y exerça durant les plus mauvais jours. Deux Frères des écoles chrétiennes, entre autres, avaient trouvé refuge dans le Velay, sur les confins du département de la Haute-Loire. Ils avaient ouvert et tenu au hameau de Chaturange une école que fréquenta

Mathieu Bransiet, plus jeune de trois années que notre Marcellin Champagnat, et qui devint le très honoré frère Philippe, bien connu comme Supérieur Général des Frères des Ecoles chrétiennes.

Chaturange, de la commune de Saint-Pal-de-Chalencon, était assurément trop éloigné de Marlhes pour que les enfants du Rosey pussent y fréquenter l'école. L'instruction primaire du jeune Marcellin se trouva par le fait assez négligée au moulin. Mais la piété, qui est autrement importante, y fleurit heureusement.

Dans le soin qu'elle prit de l'éducation de sa nombreuse famille, la mère se vit providentiellement secondée par une de ses sœurs, religieuse expulsée de son couvent par la Révolution. Cette pieuse fille, réfugiée au Rosey, y prit plaisir à former les enfants, le petit Marcellin entre autres, à la prière, à la dévotion aux anges gardiens et à la sainte Vierge ; elle l'entretenait de la vie des saints et de l'histoire de la religion.

Les catastrophes du jour, les malheurs et la persécution de l'Eglise éveillaient aussi de douloureux échos dans la famille. Marcellin voyait parfois pleurer les deux femmes pendant que frémissait son père. Un jour que sa mère et sa tante s'entretenaient des événements de la Révolution, il dit à sa tante :

— Qu'est-ce que c'est que la Révolution ? Est-ce une personne ou une bête ?

— Pauvre enfant ! lui répondit la tante en pleurant, Dieu te fasse la grâce de ne jamais éprouver ce que c'est que la Révolution ! elle est plus cruelle qu'aucune bête qui soit au monde.

Il put s'en faire quelque idée, car il vit plusieurs fois des prêtres venir se cacher au moulin, et, de la sorte il participa, autant que le permettait son jeune âge, aux douleurs de l'Eglise.

A l'âge de onze ans, il fut admis à la première communion, et il apporta à cet acte solennel toute la ferveur et toutes les autres dispositions que l'on pouvait attendre d'un enfant si bien formé à la piété, et jusque-là éloigné de tout mauvais contact.

Sa mère et sa tante, moins habiles à cultiver l'intelligence qu'à former le cœur de ce cher enfant, n'avaient pu lui apprendre à lire que très imparfaitement. On l'envoya à l'école pour se perfectionner dans la lecture et apprendre à écrire ; mais il ne fréquenta cette école que fort peu de temps. Ayant été témoin d'un acte de brutalité non motivé de la part du maître, à l'égard d'un de ses jeunes condisciples, son esprit judicieux en fut révolté. Par suite, il prit tellement en dégoût les leçons de cet instituteur, qu'il demanda et obtint, à force d'instances, de ne plus retourner à son école.

Marcellin travaillait la terre et essayait de divers métiers. Son père, qui était un homme habile, l'avait de bonne heure mis à la pratique de divers ouvrages utiles ou nécessaires à une petite culture et à l'exploitation d'un moulin. Maçonnerie, charpente, charronnage, menuiserie, tout paraissait être de son ressort, il y réussissait fort bien. Il était industrieux, économe et rangé et s'entendait déjà à tout le ménage du cultivateur et du meunier. Afin de l'initier peu à peu aux nécessités de la vie, son père lui avait donné deux agneaux pour en tirer parti à son gré. Il les éleva avec soin, les vendit, et du produit en acheta d'autres qu'il vendit encore : de ce petit négoce conduit avec application pendant quelque temps, il se forma une petite somme de six cents francs. Dans son imagination, il combina dès lors les moyens de développer ses entreprises et d'accroître ses bénéfices : il croyait démêler par là un avenir pour lui, et formait le projet de s'associer avec un de ses frères ; ils devaient faire bourse commune et ne pas se séparer. Marcellin était à l'âge de l'adolescence, il pouvait commencer à faire des projets d'avenir. L'isolement où il avait vécu, le sage gouvernement de son père, la piété de sa mère et les prières de sa tante l'avaient préservé de tout contact dangereux. Il était admirablement pur, résolu, énergique, bon ouvrier et bon chrétien.

Nous allons voir, dans la suite de ce récit, se révéler les admirables desseins de la Providence sur cet intéressant et vertueux enfant.

CHAPITRE II

Vocation de Marcellin à l'état ecclésiastique. — Sa conduite et ses progrès dans les séminaires.

La France venait de sortir du chaos où la révolution l'avait plongée. Le Concordat avait été promulgué. La partie du diocèse du Puy comprise dans l'ancien département de Rhône-et-Loire, avait été incorporée au diocèse de Lyon. L'Eglise réorganisait sa milice sacerdotale et s'efforçait de combler les vides que le martyre, l'apostasie et la mort avaient faits dans ses rangs.

Le nouvel archevêque de Lyon, le *cardinal Fesch*, oncle de l'empereur Napoléon, avait rétabli les séminaires et tenait à les peupler : c'était une de ses plus vives préoccupations. Il recommandait à ses curés de découvrir et de faciliter les aspirations au sacerdoce. Les montagnes qui avaient fait partie de l'ancien diocèse du Puy, étaient réputées des pays de foi. Un professeur du grand séminaire, que l'on croit être *l'abbé Duplaix*, y fut envoyé, et, s'adressant particulièrement à M. Allirot, curé de Marlhes, il lui demanda s'il ne connaissait pas dans sa paroisse quelques jeunes gens disposés à étudier en vue de l'état ecclésiastique.

Le curé se prit à réfléchir. Il ne voyait pas de sujets qui pussent convenir. Puis se ravisant :

— Il y a bien au Rosey, dit-il, plusieurs garçons pieux et assez retirés; je n'ai pas ouï dire qu'aucun eût l'intention d'étudier le latin ; mais, ajouta-t-il en s'adressant au représentant de l'archevêché, vous pouvez voir vous-même. Passez au Rosey et parlez au père.

L'ecclésiastique alla donc visiter le moulin. Après les compliments d'usage :

— Vous avez plusieurs braves garçons, dit-il au meunier ; quelqu'un d'eux ne voudrait-il pas apprendre le latin et devenir prêtre ?

Le père fut un peu surpris :

— Mes enfants ne m'ont jamais parlé d'étudier le latin, dit-il.

Cependant, comme il était, nous le savons, homme d'autorité, par conséquent respectueux de la liberté d'autrui, il ne songea pas à décliner de lui-même la proposition, et se tournant vers son fils aîné, garçon de plus de vingt ans, qui était présent à l'entretien :

— En as-tu envie ?

— Non, répondit le jeune homme en rougissant.

— Il faudrait consulter les autres, reprit le prêtre, qui ferait volontiers souvenir de Samuel dans la maison de Jessé, à la recherche du roi David. C'était bien de royauté qu'il s'agissait en effet.

On consulta les autres garçons. Les deux derniers se trouvaient au moulin. C'étaient ceux qui rêvaient d'association et de négoce. Ils arrivèrent tout enfarinés.

— Voilà, leur dit le père, Monsieur l'abbé qui vient vous chercher pour étudier le latin. Voulez-vous le suivre ?

— Non pas, répondit résolument l'aîné des deux.

L'autre, Marcellin, ne répondit pas ; il semblait embarrassé et balbutiait. Le prêtre le prit à part, l'interrogea, l'examina sérieusement ; il fut enchanté de son ingénuité et de sa candeur ; il admira sa modestie, sa franchise, sa simplicité et son ouverture de cœur :

— *Mon enfant*, conclut-il, *il faut étudier le latin et vous faire prêtre. Dieu le veut.*

Le professeur était homme de lumière et d'autorité. Marcellin n'hésita pas, sa résolution se trouva prise et sa vocation fixée ; sa volonté ne se démentit plus.

La famille fut bien un peu surprise, et, sans combattre cette décision, elle y aurait volontiers trouvé des objections. Malgré les pronostics qui lui souriaient si agréablement et dont nous avons parlé, la mère ne pouvait s'empêcher de reconnaitre que de tous ses enfants, Marcellin était celui peut-être qui avait mar-

Un professeur du Grand-Séminaire de Lyon propose à Marcellin Champagnat d'embrasser l'état ecclésiastique.

qué le moins d'aptitude aux lettres. Il avait quinze ans, et il ne savait ni assez lire, ni assez écrire pour commencer le latin. N'allait-il pas tenter une entreprise longue, coûteuse et bien aventurée ? Marcellin ne voulut entendre aucun raisonnement. Il aurait souhaité tout de suite entrer au séminaire. Forcément, il dut attendre ; il fallait avant tout une instruction primaire suffisante.

Sans différer, on l'envoya à *Saint-Sauveur*, chez son beau-frère Arnaud, qui était instituteur. Il y demeura un an. Ses progrès ne furent pas sensibles ; même le beau-frère déclara qu'il était inutile de s'entêter et qu'on aurait tort de céder à la fantaisie d'un garçon qui n'avait pas assez de moyens pour réussir. Thomas Gousset, qui fut archevêque de Reims et cardinal, eut aussi un parent qui déclarait qu'il n'était bon qu'à garder les vaches. La pensée du séminaire n'était pas d'ailleurs une fantaisie pour Marcellin ; et, s'il n'avait pas beaucoup profité dans les lettres, il avait, durant cette année, beaucoup prié, réfléchi, médité. Sa vie régulière et simple, pure et droite, au moulin, était devenue chez l'instituteur une vie de piété et de progrès spirituels. Aux craintes qu'on lui exprima de l'insuccès des longues, fatigantes et coûteuses études qu'il se flattait d'entreprendre, et où il pouvait perdre son temps et compromettre sa santé, il se borna à répondre : « *Je réussirai, puisque Dieu m'appelle.* »

Pour péremptoire que fût la raison, elle ne dissipait pas tous les doutes et laissait place à des appréhensions. Marcellin, lui, comptait sur la Sainte Vierge ; tous les jours, il récitait le chapelet ; tous les jours, il demandait les lumières et l'intelligence nécessaires au succès de ses études. Il ne pouvait plus attendre : il pressait. La mère néanmoins hésitait d'autant plus que le père était mort dans le courant de l'année.

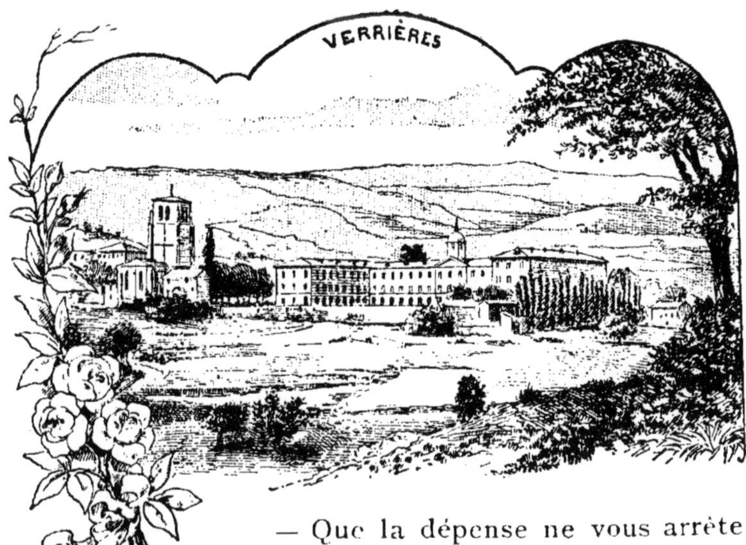

— Que la dépense ne vous arrête pas, disait Marcellin, j'ai l'argent nécessaire.

L'argent de ses petites économies, le fruit de l'élevage des agneaux servit, en effet, à subvenir à son trousseau. Sa place était retenue au petit séminaire de *Verrières* (Loire), et Marcellin y arriva au mois d'octobre 1805.

Il était dans sa dix-septième année, mais si peu instruit que le Supérieur ne voulait l'admettre que dans une classe élémentaire. Ce n'était pas le compte de Marcellin ; il supplia qu'on le mît tout de suite au latin : on céda à ses instances, tout en étant persuadé qu'au bout de quelques jours il sentirait son insuffisance et demanderait à prendre place dans la classe qu'il dédaignait. Mais Marcellin, qui ne se dissimulait pas son incapacité, comptait sur l'appel de Dieu et la protection de la Sainte Vierge. Il était grand pour son âge, fort, bien taillé ; mais ce développement extérieur

Petit Séminaire de Verrières.

ne faisait que lui rendre plus pénible le contact de petits enfants tous plus avancés que lui. Néanmoins, loin de se décourager, il n'en conçut que plus d'ardeur pour l'étude. Il était si pieux, si sage, si fervent dans ses dévotions, si appliqué et exact en tout, que les professeurs firent aussitôt de lui un cas particulier, l'investirent de quelque autorité au milieu de ses jeunes camarades et le chargèrent de certaines surveillances. Il profita de ces privilèges pour prolonger la nuit son travail.

Grâce à son énergique et constante application, il put suivre ses jeunes condisciples. Il se confiait, avons-nous dit, à l'appel de Dieu, mais en s'efforçant de faire tout ce qui dépendait de lui pour y répondre ; il avait confiance en la protection de la Sainte Vierge à condition de ne s'y pas endormir. Il fit surtout de grands progrès dans la vertu, de ces progrès réguliers et continus qui témoignent de la bonne constitution d'une âme et de sa fermeté dans ses résolutions.

Marcellin avait vingt-trois ans lorsqu'il passa au *Grand Séminaire de Lyon* (1812). Il s'y montra régulier, modeste, assidu à pratiquer la vertu, à se vaincre, à rester maître de soi. Humble en tout, gardant toujours les formes aimables de la charité, bienveillant avec les uns, respectueux avec les autres, ou plutôt respectueux et affectueux pour tous, plein de reconnaissance pour Dieu qui l'appelait à la connaissance et à la pratique de la vertu, et lui donnait des maîtres savants et habiles dans ses directeurs, des émules et des modèles dans ses condisciples, il fécondait son travail par un commerce constant avec Dieu. Tout était ordonné dans sa vie. Sa lutte contre lui-même, pour être ardente, n'en était pas moins calme et paisible ; il se surveillait toujours et ne manquait pas à se reprendre, s'imposant de rudes pénitences et s'avançant grandement dans la mortification. Son austérité, si cruelle qu'elle

Grand Séminaire de Lyon

fût pour lui-même, était fondée sur une espérance que rien ne déconcertait, et elle s'épanouissait dans une amabilité pour le prochain, une sérénité et une politesse qui lui attiraient tous les suffrages. S'il veillait tout particulièrement à ne jamais médire, il ne voulait pas non plus se permettre de paroles flatteuses, ni de compliments ; il tenait à respecter la vérité en tout : il la gardait avec une mesure, une délicatesse et une dignité charmantes. Le caractère de sa vertu au séminaire paraît avoir été une exactitude parfaite à tous les devoirs, un zèle ardent à toutes les pieuses pratiques, une fermeté imperturbable dans les résolutions, une paix constante et un calme extraordinaire dans la marche vers Dieu. On voyait clairement combien la piété était l'âme de toute sa vie et le mobile de chacune de ses actions.

Ses talents restaient médiocres ; il ne réussissait à ses études qu'à force d'application et de travail ; mais son union avec Dieu était de plus en plus intime ; la

piété remplissait son cœur et en débordait en toutes sortes d'industries et de prières. Il était noté parmi les meilleurs du séminaire et se mêlait ardemment à tous les exercices de piété et de charité qui pouvaient surgir dans la maison. Il s'associait avec joie à ces entreprises de zèle qui naissent parfois et se propagent plus ou moins entre jeunes séminaristes.

Le jeune séminariste, redoutant l'époque des vacances, se traça un règlement qu'il termina par cette prière : « C'est avec votre secours, ô Sainte Vierge, que j'espère suivre ce petit règlement. Faites que votre divin Fils l'ait pour agréable et qu'il me garde pendant mes vacances et pendant toute ma vie de ce qui pourrait lui déplaire. »

Il ne se contentait pas d'observer ce règlement, il y ajoutait beaucoup d'autres pratiques de vertu et il employait le temps des vacances à des œuvres de charité. Souvent, il réunissait dans sa chambre les

L'abbé Champagnat faisant le catéchisme aux enfants de son village.

enfants de son village, pour leur apprendre le catéchisme et les prières. Les dimanches, il réunissait même les grandes personnes, et leur faisait une courte, mais pathétique instruction, sur les mystères de la religion et les devoirs du chrétien.

Il exerçait ainsi dans sa paroisse un véritable apostolat. Les enfants l'aimaient et le craignaient. Quand ils le savaient dans le pays, cela seul suffisait pour les rendre obéissants et pour les contenir dans le devoir. Un d'eux disait longtemps après : « J'avais une telle idée de lui que son souvenir seul suffisait pour m'empêcher de faire le mal. Au moment de la tentation, cette pensée : *Que te dirait l'abbé Champagnat s'il te voyait ?* me retenait et me donnait la force de résister à mes passions. » Les jeunes gens s'observaient en sa présence et se montraient modestes dans leurs paroles et dans toute leur conduite.

CHAPITRE III

Marcellin Champagnat forme le projet, de concert avec d'autres pieux séminaristes, de fonder la Société des Maristes. — Il se prépare aux saints ordres, et il est ordonné prêtre.

On sait combien est sainte et sublime la vocation au sacerdoce, et l'on comprend facilement que les âmes qui s'y préparent aient des aspirations vers les diverses formes de perfection ou d'apostolat qui se proposent à leur charité. L'imagination ainsi court dans la voie des désirs, et les désirs se répandent dans toutes sortes de prières, de dévotions qui ne sont jamais inutiles et d'où sont sorties parfois, avec l'aide de la Providence, de grandes et puissantes œuvres dans l'Eglise. C'est le séminaire de Saint-Sulpice, à Paris, qui a fourni et nourri le petit noyau d'où est née, sous l'effort et par la vertu des prières du Vénérable Libermann, la congrégation du Cœur Immaculé de Marie pour l'évangélisation des noirs. Au séminaire de Lyon, durant ces années de l'Empire, la pensée des missions étrangères et de l'enseignement de la jeunesse préoccupait aussi et entraînait à toutes les ardeurs de la piété un petit groupe de séminaristes zélés et excellents. Ces aspirations, placées tout d'abord sous la protection de Marie, étaient les premiers éléments de la *Société des Pères Maristes*, approuvée en 1836 par le Souverain Pontife, qui lui ouvrit la carrière des missions en lui confiant celle de la Polynésie.

Le *P. Colin*, premier Supérieur général de cette Société, était au grand séminaire de Lyon en même temps que l'abbé Marcellin Champagnat. Tous deux, sous le patronage de la Sainte Vierge, et avec l'approbation et les encouragements de *M. Cholleton*, directeur du séminaire, s'unirent dans la pensée de fonder la Congrégation qui devait donner bientôt à l'Océanie son premier martyr, dans la personne du *bienheureux P. Chanel*.

D'abord on ne savait pas bien ce qu'on ferait, ni ce que le bon Dieu demanderait de chacun. On s'offrait à lui pour le travail des missions et l'enseignement de la jeunesse : rien de plus sacerdotal et de plus conforme aux fins que se propose tout bon séminariste. On s'était mis sous le patronage de la sainte Vierge; on faisait le pélerinage de *Fourvière* pour soumettre tout le projet et toutes les espérances à la Vierge du Bon-Conseil dans sa glorieuse et privilégiée chapelle. Dans les réunions de ce qui s'appelait déjà la société de Marie, où l'on s'animait à la piété et aux diverses vertus

sacerdotales, l'abbé Champagnat jaloux et amoureux des missions sans doute insistait avec force sur la nécessité, pour les futurs missionnaires, d'avoir des instituteurs dévoués et saints pour enseigner le catéchisme et faire l'école.

— *Il nous faut des Frères*, répétait-il sans cesse à ses pieux et jeunes associés, qui, n'ayant peut-être pas tous une idée suffisante de la grandeur et de l'utilité de cette action des frères s'attachaient de préférence à ce qui devait, dans leurs projets, être l'œuvre du ministère sacerdotal.

— Il nous faut des Frères, redisait l'abbé Champagnat, si bien que ses confrères finirent par lui dire : Eh bien ! chargez-vous des Frères puisque vous en avez l'idée.

Cette parole de ses associés fut-elle pour M. Champagnat l'investiture de l'œuvre de sa vie ? Il ne s'agissait pas pour lui de s'en occuper d'abord, autrement qu'en la recommandant à la sainte Vierge. Il le fit

Le premiers Membres de la Société de Marie à Fourvière.

d'une façon plus instante et plus particulière; et il lui répétait à elle, leur Dame et leur patronne, ce qu'il avait si souvent répété à ses confrères de la Société, à peine en germe, de Marie : Il nous faut des Frères !

L'abbé Champagnat connaissait d'autant mieux cette nécessité qu'un certain attrait semblait le porter vers l'enseignement des enfants. Comme aspirant au sacerdoce, il embrassait sans doute dans ses désirs toutes les œuvres du saint ministère ; mais celle du catéchisme et de l'enseignement des petits enfants, qui avait été la première à sa main, pour ainsi dire, alors qu'il n'était encore que séminariste, fut mise en pratique avec un goût particulier par le sous-diacre et ensuite par le diacre. Il avait soif des âmes, et leur évangélisation était son grand souci. Son règlement de vie pendant les vacances en témoigne : avec ses exercices personnels de dévotion, l'assistance à la messe, la visite au Saint-Sacrement, l'oraison et les études, tout en réglant, toujours dans le but de l'évangélisation et de l'édification du prochain, sa conduite dans sa famille, ses repas dans la maison de sa mère, tous ses relations avec ses parents, ne voulant rien donner à la curiosité et à la dissipation, l'abbé Champagnat s'imposait de visiter les malades autant qu'il le pourrait, d'instruire de leur salut les ignorants riches ou pauvres, et enfin de faire le catéchisme, avec une telle grâce que les enfants s'attachaient à lui et le regardaient avec vénération.

Les enfants n'étaient pas seuls à le respecter. Les jeunes gens de son âge, ou plus âgés que lui, partageaient ce sentiment et se montraient, en sa présence, modestes et retenus dans leurs paroles et dans toute leur conduite. Un jour qu'un certain nombre d'entre eux s'étaient réunis dans une grange pour danser, l'abbé Champagnat parut tout à coup au milieu d'eux et leur dit : « Ah ! c'est beau cela pour des chrétiens !

Je vais voir si vous savez aussi bien votre catéchisme que vous savez danser. » Ce fut aussitôt un sauve qui peut général. Tant qu'il fut appliqué au ministère paroissial, il poursuivit de toutes ses forces cet amusement que les compromissions du jour voudraient trouver innocent.

On était arrivé à la fin de l'Empire. Napoléon, vaincu à Waterloo, avait quitté la France avec la famille impériale. Dans le même temps, l'abbé Champagnat continuait au séminaire l'œuvre de sa sanctification et sa préparation au sacerdoce. Après avoir reçu à l'Epiphanie de 1814, le sous-diaconat des mains du Cardinal Fesch, et le diaconat en 1815, il fut ordonné prêtre, le *22 juillet 1816*, par Mgr Dubourg, autorisé par le Cardinal Fesch, retiré alors à Rome.

CHAPITRE IV

M. l'abbé Champagnat est nommé vicaire à Lavalla. — Sa sollicitude pour les enfants. — Son zèle dans l'exercice du saint ministère.

En quittant le séminaire, avant de sortir de Lyon, M. Champagnat, en vrai serviteur de Marie, fit le pèlerinage de Fourvière pour mettre tout son ministère sacerdotal sous le patronage de la reine qu'il s'était choisie. Après la sainte messe il prononça cet acte de consécration qu'il avait écrit de sa main : « Vierge Sainte, c'est vers vous, comme vers le trésor des miséricordes et le canal des grâces, que j'élève mes mains suppliantes, vous demandant avec instance de me prendre sous votre protection, et d'intercéder pour moi, auprès de votre adorable Fils, afin qu'il m'accorde les grâces qui me sont nécessaires pour faire un digne ministre des autels. C'est sous vos auspices que je veux travailler au salut des âmes. Je ne puis rien, ô Mère de Miséricorde, je mets toute ma confiance en vous. Je vous consacre ma personne et toutes les actions de ma vie. » Ses confrères de la société de Marie du même cours que lui, ordonnés prêtres en même temps, firent de même. Ils ne savaient ni les uns ni les autres ce qui arriverait d'eux. Ils étaient résolus à marcher dans la voie de l'obéissance, à occuper dans le diocèse les divers postes que leur assignerait l'autorité ; mais ils voulaient garder entre eux un lien de prières et de charité sous le patronage de la sainte Vierge, lui demandant avec persévérance de leur ouvrir la carrière des missions et de l'enseignement de la jeunesse. Ils offraient à cette intention tous les travaux de leur ministère.

L'abbé Champagnat, tout abandonné à la divine Providence, ne s'était permis aucun désir sur la situation qu'il pourrait occuper dans le diocèse ; il regardait à l'avance comme l'expression de la volonté de Dieu, la décision de ses supérieurs. Elle ne se fit pas attendre, et le vicariat de la paroisse de *Lavalla* lui fut attribué (12 août 1816). Il se rendit aussitôt à son poste.

Lavalla est une paroisse assez étendue, presque au centre des monts Pila, composée de hameaux épars dans des gorges profondes ou sur des collines escarpées, reliés entre eux par des chemins ou plutôt des sentiers alors presque impraticables. Les chemins en France, à la fin de l'Empire, étaient peu de chose, et dans la contrée où s'est passée la vie de M. Champagnat, le mode de voyager, à peu près en usage, était le mode pédestre. L'abbé Champagnat se rendit à pied du Rosey à Lavalla. La route était longue et ardue ; mais l'histoire de M. Champagnat témoigne, à chaque

instant, des habitudes de vigueur des gens qui ne connaissaient pas le chemin de fer. Les progrès de l'industrie ne concourent pas toujours au développement de la force et de la puissance individuelle de l'homme.

Dès qu'il aperçut le clocher de la paroisse qu'il allait évangéliser, l'abbé se mit à genoux sur la route, s'humiliant devant la majesté divine, et demandant que sa faiblesse ne soit pas un obstacle au grand ministère de lumière et de miséricorde qu'il allait exercer. Il pria Notre-Seigneur et la sainte Vierge de veiller aux âmes, dont le salut lui était désormais confié, et de bénir les travaux qu'il était disposé à embrasser pour la gloire de Dieu et le bien du prochain. Son plan de conduite était tracé à l'avance : il l'avait élaboré pendant la retraite préparatoire à son ordination.

L'oraison et la prière y tenaient grande place et aussi l'étude, l'étude sainte ; la liturgie y comptait particulièrement. La discipline était pour effacer les

L'abbé Champagnat à N.-D. de Fourvière.

offenses à la charité et à l'humilité, pour réparer les manquements aux exercices de piété. L'ordre entier de la vie était réglé. L'accomplissement du ministère sacerdotal primait tout. Pour le rendre plus efficace auprès du prochain, l'abbé se proposait de recourir persévéramment à Dieu, s'attachant à se tenir toujours en la présence divine et à ne jamais oublier qu'il portait Jésus dans son cœur. Il devait faire une visite au Saint-Sacrement et à la sainte Vierge chaque fois qu'il serait appelé au dehors pour la visite des malades ou toute autre bonne œuvre. Ne savait-il pas qu'il avait besoin d'aide en ces circonstances ? Au retour, nouvelle visite à l'église : n'avait-il pas à remercier des grâces qu'il venait de dispenser ? Pouvait-il oublier de demander pardon de ses fautes et de ses négligences ? Selon l'usage du diocèse de Lyon, le vicaire allait vivre au presbytère ; puisque le curé était son supérieur, l'abbé Champagnat voulut se mettre absolument sous son obéissance, se promettant de ne rien entreprendre dans la paroisse sans le consulter, et de n'y rien faire sans son assentiment. Il le pria en outre de ne pas lui épargner les conseils, de le reprendre de ses fautes et de l'aider à combattre ses défauts.

Les paroissiens de Lavalla étaient gens simples, pleins de foi, mais peu instruits. Ils venaient de traverser les jours de ténèbres de la Révolution, et leur curé, par suite d'un défaut de langue, se faisait difficilement entendre et ne prêchait pas souvent. La paroisse, nous l'avons dit, était très étendue, et les communications des divers hameaux avec le clocher étaient difficiles. Il n'y avait pas d'instituteur. L'abbé Champagnat avait donc à exercer son zèle. Il se mit à la besogne avec cette ardeur tranquille et persévérante qu'il avait manifestée à ses études. Il fut exact, scrupuleux, entêté à suivre son règlement. Le curé lui rendit témoignage, bien qu'il le suivit de très prés,

dit-il, de n'avoir jamais eu l'occasion de remarquer en lui ce qu'on appelle un défaut.

Il ne trouva à réprimer chez son vicaire que l'ardeur à la pénitence et l'attrait à la mortification. — Si on l'avait laissé faire, disait le curé, il eût passé ses nuits à l'étude et à la prière, et eût altéré sa santé en multipliant les jeûnes.

La recherche constante de Dieu, où s'appliquait le nouveau vicaire de Lavalla, donna une puissante efficacité à son ministère. L'union étroite où il vivait avec son Sauveur, resplendissait, pour ainsi dire, à travers sa personne et communiquait à sa parole une vie et une pénétration extraordinaires. Selon son règlement, il ne devait pas faire d'instruction sans s'y être préparé. La préparation ne consistait pas à rechercher les mots ou à poursuivre l'éloquence : elle tendait à unir plus étroitement le prêtre à Dieu et à lui faire

L'abbé Champagnat prie Dieu de bénir son ministère à Lavalla.

pénétrer davantage la vérité. Dès la première fois qu'il parut en chaire, les bonnes gens de Lavalla, les anciens même, ne firent pas attendre leur avis. — Nous n'avons jamais entendu prêtre prêcher comme celui-là, disaient-ils. Le propos se répandit dans les divers hameaux de la paroisse, et quand l'abbé devait parler, l'église était pleine. Cette parole gagnait les cœurs. — Il est du Rosey, disaient les gens d'esprit (il y en a partout) : aussi ses paroles sont douces et agréables comme les roses. — C'était une fête de l'entendre. A mesure qu'il connut davantage la paroisse, ses paroles s'adaptèrent de mieux en mieux aux besoins et aux défauts de ces bonnes gens. — Ah! disaient-ils dans leur admiration, il y en a pour tout le monde! Chacun ainsi prenait sa part et se reconnaissait.

Le vicaire entrait dans l'intime de leurs peines et de leurs travaux ; il leur révélait comment, en gagnant leur pain à la sueur de leur front, ils pouvaient aussi gagner le paradis ; il leur faisait sentir et désirer la douceur et la joie de se donner à Dieu. Il se servait d'une parole simple, facile, familière et respectueuse, vraiment éloquente. C'était bien toujours l'abbé Champagnat du séminaire : cet abbé assidu au travail et peu versé dans les sciences humaines ; mais il possédait Dieu ; il le communiquait; sa parole attrayante et efficace excitait à la connaissance et à l'amour de Dieu. C'est le cœur, disait l'orateur païen, qui rend éloquent. L'éloquence divine est autrement belle et pénétrante que tout l'atticisme de la parole humaine ; et c'est l'éloquence divine que répandait le vicaire de Lavalla.

Il ne parlait pas qu'en chaire, il faisait le catéchisme. Le catéchisme est toujours d'un grand attrait pour les enfants, pour tous les enfants. Regardez ce qui se passe dans les familles : il est constant que le catéchisme est une fête pour tous ceux qui y sont convoqués. On cherche des raisons pour expliquer cette fête et on en trouve de toutes sortes. La raison sérieuse, vraie, foncière, est que le catéchisme est l'enseignement de la vérité et les âmes sont amoureuses de la vérité ; elles sont créées pour la connaître et la posséder; elles en sont avides, parce qu'elle est leur fin. Les catéchismes de l'abbé Champagnat faisaient luire et briller la vérité : les enfants y accouraient. L'abbé avait l'art sans doute d'éveiller et de fixer l'attention, de faire naître et de nourrir l'intérêt : un grand art, celui-là même qu'il portait en chaire, l'art d'un cœur tout donné à Dieu, et tout appliqué à communiquer ce Dieu au prochain. Oh ! le bel art! Comme il est séduisant, vivant, puissant ! Comment y aurait-il sur la terre une âme pour se refuser à la parole de Dieu? Car c'était la parole de Dieu que l'abbé Champagnat distribuait à tout ce peuple d'hommes ou d'enfants. Les enfants de Lavalla, une fois appelés au catéchisme de l'abbé Champagnat avaient-ils connu, avaient-ils goûté ce Verbe divin, aucun obstacle ne pouvait les arrêter : ils arrivaient du haut de leurs montagnes, ils montaient du fond de leurs vallées, ils gravissaient à travers les pierres, ils couraient au milieu des neiges, là où le Verbe les appelait et les attendait. Puissance du prêtre qui porte Dieu dans son cœur et qui le laisse parler.

L'abbé Champagnat, nous le savons, était appliqué et persévérant ; mais il était avide aussi, et il ne se bornait pas à attirer les âmes, il les poursuivait. Son règlement de vie lui imposait de s'appliquer d'une manière particulière à la douceur : « *Pour gagner plus facilement le prochain à Dieu je traiterai tout le monde avec bonté.* » On comprend cette politique; elle vise toujours à amener le prochain à Dieu. La bonté de l'abbé Champagnat avait un caractère de dignité qui imposait et néanmoins ouvrait les cœurs.

Cette bonté qui savait au besoin faire des reproches, savait aussi les assaisonner de compliments et les envelopper de sourires.

Un jour de dimanche, l'abbé trouva un homme qui battait sa faux, travail servile, travail défendu et dont on ne se fait pas faute dans bien des contrées ; mais les montagnes du Pila étaient, nous l'avons dit, un pays de foi, et le vicaire de Lavalla était austère ; il tenait à l'observance des préceptes de l'Eglise. Il fit remarquer à son paroissien que ce travail n'était pas nécessaire ; celui-ci cessa tout aussitôt et s'éloignait lorsque l'abbé le rappela :

— Vous ne saviez pas que vous faisiez mal, mon ami, lui dit-il doucement, et je suis sûr que vous n'auriez pas travaillé si vous aviez su que c'était une faute.

— En tout cas, répondit le villageois, honteux de sa faute, mais gagné par cette indulgence, je vous promets de n'y pas revenir.

Il ne s'agissait pas seulement pour le vicaire, de toucher, en les enseignant, les âmes dont le salut lui était confié, de les avertir et même de les corriger à l'occasion et en passant ; il voulait les gagner tout à fait, et il visait à les conquérir.

Sous sa parole et son travail, la piété endormie s'est réveillée dans la paroisse. Nous avons déjà dit combien il s'opposait aux fêtes et aux danses. Son ardeur à Lavalla était aussi grande qu'à Marlhes, et on l'y redoutait tout autant : on se cachait de lui et on s'enfuyait prestement quand, la nuit, au milieu d'un de ces divertissements profanes, dans les hameaux les plus écartés, on le voyait tout à coup apparaître. Parfois, on n'attendait même pas de le voir, et, sitôt qu'on avait l'éveil de son approche, on se dispersait. Il se réjouissait alors d'avoir empêché que Dieu ne fût offensé, et la pluie qu'il avait parfois reçue, les chutes même qu'il avait faites par les chemins, lui semblaient bien payées. Il rappelait saint François Régis, qui s'estimait récompensé de tous ses travaux dans les campagnes, s'il avait pu y faire éviter un seul péché mortel.

L'abbé poursuivait le péché partout, et lui faisait obstacle tant qu'il pouvait. Quand une âme résistait, il s'attachait à elle davantage; il allait la chercher par la montagne et dans les travaux des champs, et, quand il était parvenu à amener cette âme résistante et fugace jusqu'au confessionnal, c'est là qu'éclatait sa bonté; il enveloppait le pécheur dans la consolation et la joie, le menant par le pardon à la pénitence.

Son zèle était couronné de succès, et les allures de la paroisse étaient transformées. Les sacrements étaient plus fréquentés, les cabarets devenaient déserts. On ne saurait décrire toutes les industries de ce bon prêtre pour attirer et garder les populations à l'église.

Les malades étaient un de ses grands soucis; les visiter et leur porter les sacrements était de devoir strict et aucun obstacle ne pouvait l'en détourner. La nuit, les mauvais temps, la neige, les précipices ne lui étaient de rien; il fallait qu'à l'heure de la maladie et de la mort, Dieu allât consoler et accueillir ses amis. On fait encore, dans les montagnes du Pila, de beaux récits de ces excursions de l'abbé Champagnat, courant en guerre contre les danses ou volant à la recherche du lit des malades.

Dans ses travaux et ses excursions, appliqué à servir Dieu et à éclairer et soulager le prochain, le vicaire de Lavalla restait attaché à la Société de Marie et ne cessait d'entretenir la Dame et la Reine de cette petite compagnie de la nécessité d'avoir des Frères.

— Il nous faut des Frères, lui répétait-il.

L'absence d'instituteurs à Lavalla rendait cette nécessité plus sensible. On dit qu'il avait déjà dans l'esprit ou dans le cœur tout ce plan de la Congrégation des petits frères de Marie et qu'il en démêlait les divers détails. Seulement il ne voyait pas les moyens de réaliser ce dessein, et il les attendait de la Providence. Elle agit volontiers de la sorte avec les fondateurs. Après leur avoir fait concevoir ou leur avoir montré le plan de l'Institut qu'ils doivent créer, elle attend d'eux qu'ils se laissent conduire : à travers les ténèbres, elle suscite au jour le jour les circonstances ou les incline à leurs désirs par un jeu qui est tout à fait en dehors de leur puissance, et elle leur propose, à l'heure marquée, les divers instruments qui doivent les aider à entreprendre et à mener à bien leur œuvre.

L'abbé Champagnat. sans s'en douter, avait en main les premiers éléments de la congrégation qu'il devait fonder. Le ministère sacerdotal ne se borne pas à dispenser les sacrements, assister les mourants, convertir les pécheurs, instruire les enfants, accomplir envers les fidèles, membres de Jésus-Christ, les diverses œuvres de miséricorde. Dans les pays chrétiens, le prêtre catholique doit préserver et nourrir l'innocence. C'est pour cela qu'il fallait des Frères au vicaire de Lavalla. En les attendant, il ne bornait pas son zèle aux enfants qui se préparaient à la première communion ; il songeait à ces petits enfants que Jésus aime et appelle, et qui vivaient dans les maisons isolées, dans des hameaux perdus, sans qu'on les entretînt de cet amour de prédilection de leur Sauveur. Le zélé vicaire était impatient d'éveiller l'attention de ces oreilles innocentes. Il promit une image pour chacun des enfants qui lui amènerait au catéchisme un petit frère, un petit voisin, un petit camarade. Les routes étaient longues et difficiles, et les mères n'auraient pas volontiers laissé aller leurs petits enfants tout seuls, mais plusieurs consentirent à les confier à la garde et à la protection des aînés.

Le catéchisme de l'abbé Champagnat se grossit de la sorte d'un certain nombre de tout petits auditeurs que le bon prêtre savait accueillir, interroger, intéresser, et dont il tournait l'innocence vers la piété. Parmi les premiers enfants qui lui furent ainsi amenés par leurs camarades plus âgés, se trouvait un petit garçon de huit ans environ, qui devint plus tard le *frère François*, le successeur immédiat du P. Champagnat dans le généralat des Petits-Frères de Marie. Le P. Champagnat fit certainement un excellent marché le jour où, pour une image, il acquit à sa congrégation le frère François. Il fut bien, dès le premier abord, frappé de la grâce et de la piété aimable de ce petit garçon, mais il ignorait les desseins de la Providence. Il les ignorait et ne cessait de les interroger.

CHAPITRE V

M. Champagnat fonde l'Institut des Petits Frères de Marie. — Vocation de ses premiers disciples. — Règle de conduite qu'il leur donne.

Les travaux du saint ministère et les fruits de salut qu'il opérait dans les âmes, n'avaient pas fait perdre de vue à M. Champagnat le pro et d'une association de Frères instituteurs. Cette pensée le poursuivait partout, et, dans ses communications avec Dieu, il ne cessait de lui recommander ce projet, disposé toutefois à l'abandonner s'il ne devait pas tourner à la gloire de Dieu et au salut des âmes. Parfois il se sentait comme effrayé à cette pensée : il connaissait sa faiblesse ; il savait combien le but qu'il envisageait était au-dessus des forces humaines ; et, tout en n'attendant rien que de la Providence, il craignait d'être le jouet d'une tentation. Lui, simple vicaire d'une paroisse de campagne, pauvre villageois, n'ayant qu'à grand'peine pu saisir l'essentiel des connaissances humaines indispensables à son saint ministère, voulait-il donc fonder une congrégation ?... Il ne voulait rien, il lui semblait que la sainte Vierge voulait, et, autant que ses moyens le lui permettaient, il eût tenu à répondre à cette volonté de la Mère de Dieu, sa Reine et sa Dame. S'il était le jouet d'une tentation, il suppliait, dans ses saints sacrifices, le bon Dieu de l'en délivrer. Mais la pensée persistait et était sans cesse sous les yeux du bon vicaire ; il se montra toujours alerte à saisir les moindres espérances qui pouvaient surgir, tout en gardant une exacte prudence et ne voulant s'avancer que sous l'impulsion divine.

Une nuit, un jeune homme nommé *Jean-Marie Granjon*, vint le chercher pour aller confesser un malade. L'abbé se mit en route aussitôt après être allé à l'église visiter le Saint-Sacrement et saluer la sainte Vierge ; chemin faisant, il interrogeait son compagnon sur l'amour de Dieu et la pratique de la vertu, le sondant discrètement et charitablement sur ses dispositions par rapport à l'avenir et à un état de vie. Satisfait des réponses, le vicaire ne voulut pas perdre de vue ce jeune paroissien, et, dès le lendemain, retournant, comme il l'avait promis, visiter son malade, il entra dans la maison de son compagnon de route et lui remit un petit livre de piété, le *Manuel du Chrétien*, en l'engageant à le lire. Le paroissien ne savait pas lire, il voulait refuser :

— Prenez toujours, reprit l'abbé, vous vous en ser-

virez pour apprendre, je vous donnerai des leçons. En effet, dès ce moment, l'abbé s'attacha à donner des leçons de lecture et d'écriture à ce garçon qui, pour être plus à même de profiter de la charité du vicaire, trouva moyen de quitter son hameau et de se fixer auprès de l'église, à Lavalla. Il apprenait à lire doucement et se formait sérieusement à la piété.

Or, un jour, l'abbé appelé pour confesser un enfant malade, trouva un moribond de douze ans, n'ayant aucune notion de Dieu ni des mystères. Il s'employa de tout son cœur à éclairer cette âme et à l'instruire : il passa plus de deux heures auprès du lit de cet enfant, ouvrant à la foi et à la lumière une intelligence que les ténèbres de la mort menaçaient de saisir. Il put lui révéler les miséricordes de Dieu, et lui administra le sacrement de pénitence après lui avoir, à plusieurs reprises, fait produire des actes de contrition et d'amour, le disposant ainsi à la mort en lui communiquant la vie.

M. Champagnat engage J.-M. Granjon à embrasser la vie religieuse.

Il avait d'autres malades à visiter. Au retour de son excursion, il voulut revoir son petit néophyte : il le trouva mort.

— Mort quelques instants après que vous l'avez quitté, dirent les parents en pleurs.

L'abbé, tout en rendant grâces à Dieu d'avoir pu secourir à temps cette jeune âme, se sentit pris de frayeur en songeant au danger qu'elle avait couru. Il pensa en même temps aux autres enfants qui étaient exposés au même péril, parce qu'ils n'avaient personne pour les instruire des vérités de la foi. « Il nous faut des Frères, se redisait-il avec une conviction plus profonde et en invoquant ardemment la sainte Vierge; il nous faut des Frères ! »

Sous l'émotion de cette aventure et le sentiment de l'urgence à se mettre à l'œuvre qu'il méditait, il va trouver son élève qui, sans être encore bien habile à discerner les lettres, commençait à marcher gentiment dans les voies de l'amour divin; il va trouver son élève, lui fait part de ses projets, s'étend sur le bien que doit faire un institut de Frères, et lui demande s'il lui plairait d'en faire partie et de se consacrer à l'éducation des enfants. Jean-Marie commençait à peine à lire, avons-nous dit; mais il avait un discernement clair et droit des choses de Dieu. Il écouta doucement et avec une certaine émotion les confidences du bon vicaire, et, pris à partie, lui répondit :

— Je suis entre vos mains, faites de moi ce que vous voudrez. Je m'estimerai heureux de me consacrer à l'instruction chrétienne des petits enfants!

Le P. Champagnat se sentit tout transporté de cette réponse.

— Courage! s'écria-t-il, Dieu vous bénira, et la sainte Vierge vous enverra des confrères !

Fut-ce une parole prophétique ? Le samedi suivant, le vicaire trouve à son confessionnal un enfant de la pa-

roisse, qui lui venait demander conseil. Il se nommait *Jean-Baptiste Audras.* C'était un enfant de piété et de pureté, qui avait souci de sauver son âme. Il savait lire ; il avait trouvé sous sa main un petit livre, le *Pensez-y bien*, l'avait lu avec avidité et s'était jeté à genoux pour demander à Dieu la grâce de le servir toujours et parfaitement. La pensée de quitter le monde s'était aussitôt présentée à son esprit, et il avait songé à la congrégation des Frères des Ecoles chrétiennes. Ils étaient dès lors établis à Saint-Chamond, qui était la ville la plus voisine de nos montagnes du Pila. Le garçon mûrit et nourrit son projet quelque temps, en parla à ses parents, qui n'y voulurent entendre, ne voyant là qu'une velléité enfantine. Mais Jean-Baptiste n'abandonna pas ses résolutions. Un dimanche, il partit de grand matin pour entendre la messe à Saint-Chamond, et, s'étant présenté chez les Frères, il expliqua ses projets au Frère directeur, en lui demandant

M. Champagnat visite un enfant malade, l'instruit des vérités nécessaires au salut et le prépare à la mort

d'intervenir auprès du supérieur général pour en faciliter l'exécution. Le Frère confirma ce jeune prétendant dans ses bons désirs, mais lui fit remarquer qu'il était encore trop jeune pour le noviciat. Il fallait donc attendre, tout en recommandant cette grande affaire à Dieu. Avant tout, il fallait consulter son confesseur. Jean-Baptiste, non pas mécontent, mais impatient du délai apporté à ses désirs, ne se refusa pas à l'obéissance et, par obéissance il se trouvait, le samedi suivant, au confessionnal de l'abbé Champagnat. Celui-ci l'entendit avec le plus vif intérêt, et il lui sembla bien que c'était un sujet que le bon Dieu lui envoyait; mais, trop sage et trop vrai directeur pour rien précipiter, il se bornait à encourager le pénitent à être fidèle dans sa résolution d'embrasser la vie religieuse, et l'engageait à prier pour bien s'assurer des desseins de Dieu. Le pénitent écoutait avec une attention et un recueillement qui frappèrent le confesseur. A son tour, il se recueillait pour consulter vivement Dieu dans le secret de son cœur et poser devant lui les paroles qu'il devait prononcer. Alors une voix intérieure qui parlait nettement lui dit : — *J'ai préparé cet enfant ; je te l'amène pour en faire le fondement de la société que tu dois fonder.* Emu, confondu, le vicaire s'efforçant de se contenir, et ne voulant toujours rien précipiter, propose au pénitent de se joindre à Jean-Marie, lui offrant de lui donner des leçons et lui promettant de l'aider à entrer en religion. Les parents virent là un moyen d'instruction peu onéreux et laissèrent faire. Les deux aspirants furent donc bientôt réunis, et le vicaire s'appliquait à les former d'abord à la vie de piété et d'obéissance. Au bout de quelque temps d'épreuve, il s'ouvrit de tous ses projets à Jean-Baptiste et lui demanda s'il était disposé à embrasser le nouvel institut. — Depuis que j'ai l'honneur d'être sous votre direction, je n'ai demandé à Dieu qu'une seule vertu, l'obéissance et la grâce de renoncer à ma propre volonté. Vous pouvez faire de moi tout ce que vous voudrez, pourvu que je sois religieux.

Dès lors on se mit à l'œuvre sérieusement; le vicaire, moyennant une somme de seize cents francs qu'il n'avait pas, acheta une petite maison qui tombait en ruines, avec un petit jardin; et, comme il avait con-

servé la connaissance de toutes les anciennes industries de la demeure paternelle, il répara la maison de ses propres mains, et au mois de *janvier 1817*, il put y installer les deux novices.

Ils vivaient dans la pauvreté et l'obéissance, dans la prière et le travail manuel. Ils cultivaient leur instruction et gagnaient leur vie : ils travaillaient leur petit jardin et fabriquaient des clous. C'était une industrie abordable à tous, assez répandue alors dans les Monts Pila et que les progrès et les développements mécaniques ont peut-être retirée des mains des petites gens.

Ancienne Maison de Lavalla, berceau de l'Institut.

Mais, en 1817, les deux garçons dans leur humble maison, donnant une bonne part de leur temps à la prière et à la méditation, appliqués d'ailleurs à leur instruction, trouvaient dans la fabrication des clous de quoi se défrayer de leur nourriture ; du reste elle était pauvre, très pauvre : du pain, des légumes grossiers avec un peu de fromage, de l'eau pour boisson. Cependant on était heureux.

Quelque chose de ce bonheur transpirait-il au dehors ? La Providence se chargea d'amener de nouveaux membres à la petite communauté. Le troisième qui se présenta fut *Antoine Couturier*, jeune homme bon et pieux, mais sans aucune instruction. Il fut néanmoins admis et devint l'excellent et vertueux frère Antoine.

A la même époque, les parents de Jean-Baptiste Audras, qui ne connaissaient ni les intentions de M. Champagnat, ni les dispositions de leur enfant, le pressèrent de revenir à leur maison ; mais le pieux novice, fortement affermi dans sa vocation, s'en défendit avec énergie et les supplia avec instances de le laisser dans l'état qu'il avait embrassé et où il se trouvait si content. Ils n'eurent aucun égard à ses prières et, pour ne pas lui fournir l'occasion de les renouveler, ils lui envoyèrent, par un de ses frères plus âgés que lui, l'ordre exprès de se rendre auprès d'eux. Ce frère lui fit connaître la volonté de leurs parents, ce qui jeta le pieux novice dans la consternation. Mais, après avoir réfléchi un instant, il court trouver M. Champagnat et lui dit les larmes aux yeux : « Mon frère est venu pour m'emmener avec lui ; mais je ne veux pas le suivre. Veuillez, s'il vous plaît, faire entendre raison à mes parents et les décider à me laisser tranquille. » M. Champagnat l'encourage, le rassure et vient trouver son frère qui attendait dehors. L'abordant d'un air riant, il lui dit avec ce ton décidé qui lui était naturel : « Vous voulez donc emmener votre frère ? — Oui, Monsieur l'abbé ; mes parents m'ont donné l'ordre de le conduire à la maison. — Ce serait beaucoup mieux de demander à vos parents la permission de venir vous-même ici. — Que feriez-vous de moi, Monsieur ? — Un bon frère, un bon religieux. — Oh ! Monsieur, je suis trop grossier pour être religieux : je ne suis bon qu'à travailler la terre. — Allons, allons ! ne dites pas tant de mal de vous : c'est déjà une bonne chose que d'être bon à travailler la terre. Venez chez nous ; je suis sûr que je ferai quelque chose de vous. — Mais, Monsieur l'abbé, je suis trop mauvais sujet pour faire un religieux. — Non, non, je vous connais : vous n'êtes pas un mauvais sujet, vous êtes un brave garçon ; je vous réponds que si vous venez, vous n'en serez point fâché, et que vous ferez bien. — Vous m'en faites quasi prendre envie ; mais on se moquera de moi quand on saura que je suis ici pour faire un frère. — Laissez les gens se moquer tant qu'ils voudront ; Dieu vous bénira, vous serez heureux, vous sauverez votre âme : c'est tout ce qu'il vous faut. Allez dire à vos bons parents que vous voulez venir ici avec votre frère et que je vous attends cette semaine. » Le jeune homme alla trouver ses parents et les décida à lui laisser la liberté, ainsi qu'à son frère, de suivre leur vocation. Quelques jours après il entra au noviciat, et sous le nom de *frère Laurent*, il devint le quatrième frère de l'Institut. Son frère Jean-Baptiste prit le nom de frère Louis, et Granjon celui de frère Jean-Marie. Vers le même temps, *Barthélemi Badard*, âgé de quinze à seize ans, fut aussi admis au noviciat, et, sous le nom de Frère Barthélemi, il devint un excellent religieux.

M. Champagnat n'avait pas perdu de vue le petit *Gabriel Rivat*, qu'on avait amené à son catéchisme. La piété et l'intelligence qu'il avait remarquées dans cet enfant, l'avaient porté à lui donner des soins particuliers. A l'époque où nous sommes arrivés, il venait de faire sa première communion, quoiqu'il n'eût que dix ans. Désirant l'attacher à sa Congrégation naissante il proposa à ses parents de le placer chez les Frères pour le faire instruire, et promit de lui donner lui-même des leçons. L'enfant vint donc au noviciat, reçut des leçons et, peu de temps après, par les conseils de M. Champagnat, il s'attacha à l'Institut sous le nom de Frère François. Sa mère le vit avec plaisir choisir cette vocation ; plusieurs fois, elle avait dit à M. Champagnat : « *Mon enfant est à la Sainte Vierge, à qui je l'ai donné et consacré bien des fois ; je vous l'abandonne, faites-en ce que vous voudrez.* » L'enfant, qui était trop jeune pour juger l'affaire de sa vocation, mais qui était d'une obéissance et d'une docilité parfaites, s'en rapporta aux conseils de son sage Directeur, qu'il regardait avec raison comme l'interprète de la volonté de Dieu sur lui ; et lorsque son jugement fut développé, jamais il ne lui vint en pensée qu'il pût soumettre sa vocation à un nouvel examen.

L'abbé Champagnat, sous une inspiration privilégiée, se montrait hardi et habile à saisir les âmes qui l'approchaient et à les arracher brusquement au courant de la vie vulgaire pour les précipiter dans les eaux vives de la vie religieuse. Parfois, au contraire, il différait, paraissait hésiter, patientait, laissant rôder autour du bercail et frapper à la porte les brebis jalouses d'entrer, et qu'il était si heureux d'accueillir. Il avait donné à sa petite compagnie une manière de forme religieuse. Elle avait son règlement, ses exercices réguliers de prières, de méditations, d'étude et de travail. Elle se distinguait par un costume bien humble, conforme à la jeunesse de ses membres. Ces Petits Frères avaient chacun un nom de religion, et ils s'étaient choisi un Frère directeur. L'abbé Champagnat restait leur supérieur ; il donnait ses avis, formait aux pratiques de piété, d'humilité et de mortification. Les Petits Frères accomplissaient entre eux leurs exercices de communauté, faisaient la lecture et remplissaient à tour de rôle les divers emplois de la maison. Celui de la cuisine était bien simplifié ; mais chacun devait s'y former, et s'en acquittait à son tour comme des autres offices. On se formait de la sorte à l'amour de Dieu et à chacune des vertus propres aux familles religieuses. L'obéissance, l'humilité, la mortification étaient pratiquées généreusement. Ces enfants puisaient dans leur pauvreté et leur obéissance un admirable sentiment de confiance.

Docile à la volonté de leur supérieur, ils se tenaient assurés de suivre la volonté de Dieu. Aussi étaient-ils inébranlables dans leur voie. Ils étaient initiés à la vertu de discrétion, et ils en usaient si bien en toutes rencontres qu'on se trouvait édifié de les voir. Dans les premiers temps, on ne fit guère attention à eux : il n'y avait que des brebis de choix, celles que le bon Dieu attirait, qui considéraient ce qui se passait dans la pauvre petite maison de l'abbé Champagnat, donnant des clous à fabriquer à de petits enfants qu'il instruisait.

CHAPITRE VI

Les Frères se chargent de l'école de Lavalla. — M. Champagnat les envoie catéchiser dans les hameaux. — Il va demeurer avec ses Frères. — Fondations d'écoles. — M. Champagnat demande des sujets. — Manière dont il est exaucé.

Les Frères devant se vouer à l'enseignement, il fallait les former à l'art d'instruire. L'abbé Champagnat appela au milieu d'eux un maître d'école pour faire la classe aux enfants de Lavalla et en même temps pour former les Frères à une bonne méthode d'enseignement. L'abbé avait arrêté son choix : c'était la méthode de l'enseignement simultané en usage chez les Frères des Ecoles chrétiennes qu'il voulait donner à pratiquer aux Petits Frères de Marie. Ceux-ci reçurent les conseils de l'instituteur, le virent faire, l'aidèrent dans la classe, et bientôt se sentirent capables de voler de leurs propres ailes. Ils étaient ardents, jaloux de remplir leur vocation et auraient voulu se charger de l'école de leur paroisse.

L'abbé était moins pressé. Il leur rappela qu'ils étaient trop petits encore pour tenir une école de paroisse, et leur demanda s'il n'y avait pas de la témérité dans leur zèle. Toutefois, il leur proposa de s'essayer à faire la classe dans les divers hameaux éloignés du clocher. Les Frères y allaient le matin et revenaient le soir. Leurs classes étaient peu nombreuses ; mais elles étaient bien conduites, et réussirent parfaitement. Cette préparation ne fut pas inutile ; et, lorsqu'après un an le maître d'école de Lavalla s'éloigna, les Petits Frères prirent naturellement le gouvernement de l'école. On admira comment, si jeunes et novices encore, ils acquirent de l'autorité sur les enfants dont les progrès et la discipline charmèrent bientôt toute la paroisse. L'école était florissante et les maîtres y donnaient accès aux pauvres.

L'abbé Champagnat ne se borna pas à faire instruire ceux qui étaient sans ressources ; il recueillit, habilla et nourrit plusieurs orphelins. La petite maison qu'il avait restaurée de ses mains, qu'il réparait lui-même et dilatait, pour ainsi dire, sans cesse, était devenue un foyer de charité. L'abbé donnait tout son temps aux enfants, écoliers ou Frères ; il surveillait les classes ; il surveillait surtout le catéchisme ; il était le supérieur,

le conseil, l'inspirateur des Petits Frères : il les élevait, les maintenait dans un commerce intime avec Dieu. Il leur mettait sous les yeux la grandeur de leur vocation. « Nous avons cent enfants dans notre école, disait un de ces jeunes maîtres : ce sont cent âmes dont l'innocence nous est confiée, et leur salut dépend en grande partie de nous. Les parents nous envoient ces enfants pour que nous leur apprenions à lire et à écrire ; mais Dieu nous les amène pour que nous leur apprenions à connaître Jésus-Christ et à gagner le ciel, pour que nous les formions à la piété et à la vertu. C'est là notre but. Attachons-nous, avant tout, à le remplir sans oublier le reste. »

Les Frères regardaient comme une grâce d'être choisis pour aller faire le catéchisme dans les hameaux. Le bon Frère Laurent sollicita longtemps la faveur d'aller remplir cette mission au *Bessac*, village situé sur la montagne de Pila, à deux lieues de Lavalla. Ce village n'avait point alors de curé : aussi y régnait-il une profonde ignorance. Le Frère Laurent, chargé de catéchiser ce village, y portait, chaque

Ecole de Lavalla. — Premiers Frères.

semaine, ses petites provisions de Lavalla, se logeait chez un brave habitant du lieu et préparait lui-même sa nourriture, réduite à ce qu'il y avait de plus simple et de plus frugal. Deux fois par jour, il parcourait le village, une petite clochette à la main, pour rassembler les enfants ; et telle était la vénération qu'il avait su inspirer par sa vertu, que tout le monde se découvrait sur son passage. Lorsque les enfants étaient réunis autour de lui, il leur apprenait les prières et le catéchisme, et leur enseignait la lecture. Les dimanches, il assemblait dans la chapelle tous les habitants du village ; et là, après avoir fait la prière du soir, récité le chapelet et chanté un cantique, il expliquait à ces bons villageois les vérités de la religion. Rien ne peut dire le bonheur que le Frère Laurent goûtait à catéchiser ce bon peuple, et à se dévouer à l'instruction des enfants pauvres et ignorants. On en jugera par le trait suivant :

« Un jeudi, selon son habitude, il était venu faire ses provisions à Lavalla, et il montait au Bessac avec M. Champagnat. Les chemins étaient tout couverts de neige et de verglas. Frère Laurent portait dans un sac un gros pain, du fromage et des pommes de terre pour sa nourriture de la semaine. M. Champagnat le voyant haletant et suant sous son fardeau, lui dit :

— Mon Frère, vous faites-là un métier pénible.

— Vous me pardonnerez, mon Père ; il n'est pas pénible, mais extrêmement doux.

— Je ne vois pas ce qu'il y a de si doux à gravir ces montagnes tous les huit jours, au milieu de ces neiges et de ces glaces, avec un lourd fardeau sur les épaules, au risque de vous jeter dans quelque précipice.

— J'ai l'entière certitude que Dieu compte tous mes pas, et qu'il paiera par un poids immense de gloire les peines et les fatigues que je supporte pour son amour.

— Vous êtes donc bien content d'aller faire le caté-

chisme et la classe dans ce mauvais pays, et de porter votre pain comme un pauvre ?

— Si content, mon Père, que je ne donnerais pas mon emploi pour tous les biens du monde.

— Certes, vous l'estimez beaucoup cet emploi ; mais le méritez-vous ?

— Oh ! non : je suis convaincu que je ne mérite pas la faveur d'aller faire le catéchisme au Bessac, et qu'elle ne m'est accordée que par un pur effet de la bonté de Dieu.

— Tout ce que vous dites là est très vrai ; toutefois convenez que vous avez aujourd'hui un bien mauvais jour.

— Non, mon Père, c'est un des plus beaux jours de ma vie.

En disant cela, sa figure était riante, épanouie, et de douces larmes de bonheur tombaient de ses yeux. M. Champagnat, touché et consolé de voir tant de vertu, eut de la peine à retenir les siennes.

L'édification des âmes était le but de l'enseignement

Le Frère Laurent va catéchiser au Bessac.

des Petits Frères de Marie, et l'instruction était mise par eux au second plan. Ils s'entendaient fort bien à ce second plan d'ailleurs; et comme en forgeant on devient forgeron, en enseignant et en priant ils devinrent des maîtres pieux, avisés, habiles et instruits. Avant tout, ils étaient des religieux.

L'abbé Champagnat, pour suivre de plus près leur formation, avait voulu demeurer avec eux (1818). Le curé avait bien fait quelques objections. Ces petits paysans, que son vicaire avait formés à la lecture et à l'écriture et qui commençaient à être vraiment aptes à faire des maîtres d'école, étaient encore trop grossiers à son gré et aussi trop pauvres pour donner à un prêtre les soins et la nourriture convenables. Le bon vicaire ne s'arrêta pas à ces discours, et le curé ne put lui refuser son assentiment. L'abbé fit transporter son petit mobilier personnel à la maison des Frères, partagea leur maigre et chétif ordinaire et leur continua ses soins. Tout le temps que ne réclamait pas son ministère, appartenait aux Frères; leur école s'était développée; elle était désormais partagée en plusieurs classes, et les catéchismes et les écoles des hameaux de la paroisse n'étaient pas non plus négligés.

Ces succès de l'abbé Champagnat et de ses Petits Frères firent venir l'eau à la bouche à tous les bons curés du voisinage. Les écoles étaient rares dans les monts Pila; mais après l'expérience faite à Lavalla, presque toutes les paroisses de ces montagnes eurent des classes tenues par les Petits Frères: *Marlhes* (r819) d'abord, c'était justice; puis *Saint-Sauveur* (1820), *Tarentaise* et jusqu'à *Bourg-Argental* (1822), presque une ville. Cette entrée en campagne, menée rondement et généreusement, entraînant au loin novices et postulants, avait vidé la maison-mère. Le vicaire se trouva presque empêché pour subvenir à l'école de la paroisse. Depuis cinq ans qu'il avait recueilli les deux premiers

postulants de sa petite congrégation, à peine avait-il vu naître six ou sept vocations. Dans cette extrémité, le curé, qui trouvait que le vicaire allait bien vite, et qui avait cherché vainement à l'empêcher de recueillir des orphelins dont il estimait la charge beaucoup trop lourde pour un établissement si nouveau et si peu fondé, le curé eût peut-être mal opiné de l'avenir. Le vicaire n'avait garde de désespérer: il n'avait pas cru devoir reculer devant le travail qui se présentait, et il demanda à la Sainte Vierge de lui envoyer les ouvriers qui manquaient désormais. Il nous faut des Frères ! c'était le moment de redire son refrain avec plus d'ardeur. Il avait, depuis longtemps déjà, proclamé la Sainte Vierge la Supérieure, la Reine et la Protectrice de sa pauvre maison. « C'est votre œuvre qui va périr, lui disait-il, si vous ne lui venez en aide : c'est vous qui nous avez réunis malgré les contradictions du monde. Allons-nous nous éteindre comme une lampe qui n'a pas d'huile ? Nous comptons

Chapelle de N.-D. de Pitié à Lavalla. — Le P. Champagnat prie la Ste Vierge de soutenir son œuvre.

sur votre puissant secours, nous y compterons toujours. » Il ne se lassait pas et n'épargnait ni les prières ni les neuvaines. La Sainte Vierge lui vint en aide.

Vers le milieu du carême de 1822, un jeune homme, originaire des montagnes du Velay et sortant d'une autre congrégation, se présenta à M. Champagnat pour être reçu dans sa communauté. Se voyant formellement refusé, le jeune homme, à force d'instances, se fit promettre qu'il serait admis au noviciat s'il parvenait à amener avec lui une demi-douzaine de bons sujets.

Huit jours ne s'étaient pas écoulés que déjà il avait décidé huit jeunes gens à l'accompagner à Lavalla.

Vers la fin de mars 1822, après deux jours de marche, ces jeunes gens arrivèrent à Lavalla, au sein des montagnes, dans une chétive masure, où ils se trouvèrent en présence d'un prêtre qui bêchait un pauvre jardin. Ce prêtre les considérait avec un étonnement et une sorte de défiance qui témoignèrent assez aux nouveaux arrivés qu'il ne les attendait pas.

Après les avoir examinés attentivement et quelque peu interrogés, il leur déclara que ne les connaissant pas, il ne pouvait les recevoir. Alors leur désappointement se manifesta si vivement et si sincèrement que le prêtre qui, nous le savons, voulait être bon et doux et tenait à mêler quelques mots de consolation aux reproches ou au refus que sa conscience lui dictait, remit toute décision au lendemain.

— Je vais prier Dieu pour examiner cette affaire, dit-il à cette troupe : restez jusqu'à demain.

Rester était facile à dire ; mais où loger et comment rassasier ces nouvelles recrues ? La maison des Petits Frères n'était pas fournie de beaucoup de provisions et les meubles non plus n'y abondaient pas. On fit coucher les jeunes gens à la grange, sur la paille, on leur donna du pain noir et quelques légumes cuits à l'eau. Il se trouva que le pain était fort rassis — ce qui devait arriver assez souvent dans la communauté — et assez mal cuit. Ce ménage n'était pas bien engageant, néanmoins les jeunes postulants, saisis à la vue du bon prêtre, avaient le plus vif désir de rester auprès de lui. Le lendemain surtout, il les gagna tout à fait et leur ouvrit le cœur en leur parlant de la sainte Vierge, de ce ton persuasif, naturel et simple qui lui était habituel. Il leur donna à chacun un chapelet, et tous se promirent dans leur cœur de ne pas se laisser détourner de leur vocation. Cette maison délabrée qui refusait de les accueillir leur paraissait un sanctuaire. N'en était-ce pas un en effet ? Cependant l'abbé n'était pas encore décidé à les admettre. Quelque chose dans l'air de ces jeunes gens, dans leur accent de piété et de résolution l'attirait sans doute; mais n'avait-il pas de sérieux motifs d'user de prudence ? Ces jeunes gens ne s'étaient-ils pas décidés par une sorte d'entraînement ? Leur sortie en masse de leurs maisons et de leurs villages avait-elle été bien réfléchie, s'était-elle effectuée sous une véritable impulsion de Dieu ? Persévéreraient-ils tous, d'ailleurs ? Si un seul d'entre eux se dégoûtait, n'entraînerait-il pas quelques-uns de ses compagnons ? L'abbé était perplexe. Tout homme du bon Dieu qu'il était, abandonné à la divine Providence, il se demandait si sa petite communauté, qui avait tant de peine à se suffire, où la fabrication des clous avait beaucoup baissé, qui vivait en grande partie de charité, pouvait courir le risque des sacrifices qu'allait lui imposer, peut-être inutilement, cette troupe de jeunes postulants. La chose lui parut si grave qu'il ne voulut pas la décider tout seul; et quand, le lendemain de leur arrivée, après sa nuit de prière et de réflexion, il entretint les postulants, ce fut pour conclure qu'il ne leur promettait pas de les admettre; qu'il avait besoin, dans une si grave occurrence, de consulter les Frères ; qu'il voulait bien charitablement les garder quelques jours ; mais, comme il est très incertain que nous puissions vous garder tous, ajoutait-il, ceux qui ont envie de se retirer peuvent le faire. Aucun ne broncha.

— Qui pouvait donc nous retenir, dit l'un d'eux, dans une maison où l'on ne voyait que la pauvreté, où nous avions une grange pour dortoir et un peu de paille pour lit, où l'on nous appliquait, depuis le matin jusqu'au soir, à un travail pénible, dont l'unique salaire était quelques réprimandes ou quelques punitions qu'il fallait recevoir avec respect ?

L'abbé, en effet, avait mis tout aussitôt ces postulants à l'œuvre et les avait soumis au régime de la communauté. Le travail manuel, les exercices de piété, de mortification et d'humilité, les classes, l'étude du catéchisme, les méditations où étaient appliqués les Petits Frères, occupèrent les aspirants au postulat. L'abbé les suivit de près et les éprouva de toutes façons.

Il profita des fêtes de Pâques pour réunir en une sorte de Chapitre ses principaux Frères et les consulter. Il leur expliqua qu'il lui semblait voir, dans l'arrivée inopinée de ces huit jeunes gens, un dessein particulier de Dieu sur la petite Congrégation, et qu'à son avis, il fallait recevoir ces postulants visiblement, disait-il, amenés par la Providence.

Les Frères furent unanimes à accueillir cette proposition. L'abbé, alors, pour éprouver les aspirants, les retira de l'occupation des classes et de l'étude, et les appliqua du matin au soir au travail de la terre. En même temps, les exercices religieux d'humilité et de mortification ne leur furent pas épargnés : la coulpe, les réprimandes et les pénitences prodiguées pour les moindres fautes. Rien ne put ébranler la constance de ces enfants.

L'abbé Champagnat imagina une nouvelle épreuve.

— Puisque vous voulez absolument rester avec nous, leur dit-il, leur parlant à tous en présence des Frères de la maison, et que vous voulez devenir des enfants de Marie, je suis décidé à vous garder. Toutefois, comme plusieurs d'entre vous sont trop jeunes encore pour connaître leur vocation, je vais les louer à de bons habitants de la campagne pour garder les bestiaux. S'ils se conduisent bien, si l'on est content de leurs services, s'ils persévèrent dans leur désir d'embrasser la vie religieuse, je les recevrai définitivement au noviciat, à la Toussaint. Voyons, conclut-il en s'adressant au plus jeune de la troupe, cela vous va-t-il ? Et l'enfant résolûment :

— J'y consens, puisque vous le voulez ; mais c'est à condition que vous me recevrez à l'époque que vous fixez.

Cette réponse décidée et soumise perça le cœur du père ; il ferma les yeux, baissa la tête un instant, et, la relevant pour fixer ses regards sur la troupe :

— Allez, dit-il, je vous reçois tous dès maintenant.

Tout sur l'heure, on les mit sérieusement au travail et à la vie du noviciat.

L'enfant qui avait répondu comme nous venons de le dire, devint le *frère Jean-Baptiste*, l'une des colonnes du nouvel Institut. Pendant trente-deux ans, il remplit la charge d'Assistant, y déployant à un degré remarquable l'art difficile de gouverner les hommes. Richement doué sous le rapport de l'intelligence et de la mémoire, travailleur et compilateur infatigable, il a composé la vie du pieux Fondateur et des livres ascétiques qui sont pour sa Congrégation un véritable trésor.

Les amis du Père et de sa petite maison avaient pris l'alarme dès le premier jour, et la décision de l'abbé, malgré la maturité et la réflexion qu'il y avait apportées, ne calma pas leurs inquiétudes. Il doublait d'un seul coup le personnel de sa congrégation : et de fait, il l'augmenta bien davantage. Ces postulants des montagnes de la Haute-Loire avaient ouvert un chemin que plusieurs suivirent : ils arrivaient par petits groupes de trois ou de quatre ; et en moins de six mois, la Vierge du Puy avait adressé vingt postulants au pauvre vicaire de Lavalla. La grange elle-même ne pouvait suffire à tant de monde. Il fallut construire. Les postulants, les novices, les Frères, se mirent au travail ; l'abbé se mêlait de tout : il était architecte, maçon et charpentier tour à tour. Tous les corps de métier étaient de sa compétence. En dehors de son ministère, sa journée se passait à la bâtisse : il remuait les pierres, maniait la truelle, préparait le mortier et voulait prendre pour lui les travaux les plus pénibles, n'y admettant que les plus forts d'entre les Frères. On bâtissait en silence, religieusement, en prières, comme avaient fait nos pères du onzième siècle construisant la cathédrale de Notre-Dame de Chartres. La bâtisse des Petits Frères de Marie était moins vaste, surtout moins belle et moins riche. C'était une pauvre construction ; le mortier n'y fut pas composé de chaux et de sable ; une simple terre grasse battue assemblait et reliait les pierres, car la maison était en pierres. Pour donner tout son temps à cette bâtisse, l'abbé récitait son office pendant la nuit. Il s'épuisait d'efforts et de travail, et la construction fut achevée en quelques mois. Aucun ouvrier n'y mit la main, pas plus les menuisiers ou les serruriers que les maçons. Les Frères et les novices n'étaient pas très habiles ; l'abbé les surveillait et les dirigeait, leur montrant comment il fallait s'y prendre, et on vint à bout de tout.

CHAPITRE VII

Contradictions suscitées à l'abbé Champagnat. — Encouragements qu'il reçoit. — Progrès de l'Institut. — Construction de la maison de l'Hermitage.

Il semble que l'institution des Frères n'aurait dû attirer que des éloges et des approbations au Père Champagnat (les Frères lui donnèrent le nom de Père vers l'année 1824) ; mais c'est par la croix que Dieu a sauvé le monde, et il veut que ses œuvres soient toutes marquées à ce signe sacré. Dès le commencement de son œuvre, le Père Champagnat fut en butte à la contradiction. On estimait que le vicaire de Lavalla s'employait à des œuvres qui n'étaient pas de la compétence d'un prêtre. Les amis eux-mêmes trouvaient de la témérité dans cette affaire. Il voulait donc être fondateur ! On ne l'avait jamais pris tout à fait au sérieux. On prisait sa vertu ; mais il avait, disait-on, si peu de talents, et surtout si peu de ressources ! En dépit de son zèle et de ses succès qu'on ne pouvait nier, en constatant la discipline et le bon esprit des classes tenues par les Frères, on ne voulait pas avoir confiance. L'abbé, d'ailleurs, était si réservé, si sauvage même dans sa dignité que, malgré l'aménité et la cordialité de son caractère et toutes les bonnes grâces de sa douceur, on ne pouvait se retenir de sourire de ce qu'on appelait ses prétentions : il voulait être fondateur !

En présence du progrès de ses œuvres, on ne voulait pas croire à leur durée. De bons prêtres, par charité et aussi par reconnaissance du dévouement des Frères, et pour leur voir employer plus utilement leurs talents, allaient jusqu'à les engager à quitter leur congrégation, à se séparer d'un supérieur sans expérience et sans capacité, sans ressources surtout, afin d'entrer dans une congrégation solide et bâtie sur le roc, ou même d'étudier le latin et de viser au ministère sacerdotal. Les Petits Frères de Marie eurent cent fois occasion de protester de leur attachement à leur supérieur qu'ils regardaient comme un saint, disaient-ils, et de confesser leur certitude d'accomplir, par l'obéissance, toute la volonté de Dieu. Le Frère François, qui avait à peine dix ans lorsqu'au sortir de sa première communion il était entré dans la congrégation, interrogé pourquoi il ne voulait pas étudier le latin, répondit : « *Parce que je ne fais pas ma volonté, mais celle de Dieu, qui m'est manifestée par mon supérieur.* » Le curé qui avait provoqué cette réponse d'un enfant, en fut bien dans l'admiration ; mais la critique ne continuait pas moins à s'exercer sur le Père Champagnat. Les bâtiments qu'il venait de construire, les achats qu'il faisait sans avoir d'argent, et les emprunts qu'il contractait, portaient ombrage à tous les prêtres des environs. On lui donnait des conseils affectueux, on lui adressait des représentations. Des prêtres d'expérience et de vertu le blâmèrent fortement et on se scandalisait de son entêtement. On y voyait l'orgueil et la ridicule vanité d'être fondateur ; on s'alarmait même, on prévoyait des catastrophes. Les appréhensions, les blâmes et le dénigrement parvinrent jusqu'à l'archevêché. M. Bochard, Vicaire Général, l'ayant fait appeler, lui répéta tous les propos que l'on tenait sur son compte et lui demanda ce qu'il en était. « Il est vrai, répondit le P. Champagnat, que j'ai réuni quelques jeunes gens pour faire la classe aux enfants de Lavalla, qui étaient sans instituteurs.

Ces jeunes gens n'ont, à proprement parler, ni costume, ni engagements religieux. Ils sont là bien volontairement, parce que ce genre de vie leur plaît et qu'ils aiment la retraite, l'étude et l'enseignement. »

M. Bochard lui proposa d'unir ses Frères à ceux qu'il avait fondés lui-même à Lyon. Sans rejeter cette proposition, M. Champagnat la détourna adroitement et prit congé de M. le Vicaire Général. Il se rendit ensuite chez M. *Courbon*, premier Vicaire Général, qui connaissait ses projets, et lui fit connaître les embarras qu'on lui suscitait de toutes parts. « Vous savez, lui dit-il, quelles sont mes vues et mes intentions ; ce que j'ai fait jusqu'ici, je suis prêt à l'abandonner, si vous me l'ordonnez : *car je ne veux que la volonté de Dieu*, et dès que cette volonté me sera manifestée par vous, je m'y soumettrai. » M. Courbon répondit : « Je ne vois pas pourquoi l'on vous cherche tant de querelles ; votre œuvre est excellente : continuez. »

Au milieu de ces contradictions, le Père Champagnat ne cessait de mettre sa confiance en Dieu ; il

M. Courbon, premier vicaire-général de Lyon.

s'inquiétait peu de la bienveillance et de l'approbation des hommes et se contentait d'avoir l'assentiment de ses supérieurs.

Le diocèse de Lyon était toujours sans archevêque. Le cardinal Fesch, retiré à Rome et exilé de France, avait été privé de toute juridiction.

Au commencement de l'année 1824, *Mgr Gaston de Pins* (1) fut nommé administrateur du diocèse de Lyon. Le P. Champagnat, fort de l'appui et de la recommandation de M. l'abbé *Gardette*, supérieur du grand séminaire, se présenta avec confiance devant le saint Prélat, pour l'entretenir de son œuvre et la lui recommander. Le bon Archevêque l'accueillit très paternellement et lui donna les plus précieux et les plus consolants encouragements. Au sortir de cette audience, le P. Champagnat se rendit à Fourvière pour exprimer à Dieu sa reconnaissance par l'entremise de Marie. A quelque temps de là, afin de le laisser tout entier à son œuvre, l'archevêque le dé-

(1) Archevêque d'Amasie.

Mgr de Pins, M. Gardette, le P. Champagnat.

chargea du vicariat de Lavalla, dont les paroissiens auraient voulu le garder parmi eux à titre de curé.

La congrégation des Petits Frères de Marie s'étendit dès lors rapidement, les maisons se multiplièrent, les vocations abondèrent. Il fallut construire une maison de noviciat sur de plus grandes dimensions. Mais quelle entreprise que celle-là ! C'est surtout ici que la sagesse humaine allait argumenter sur la conduite du P. Champagnat. Entreprendre, sans argent, une construction dont le devis, avec l'achat du terrain, s'élevait à plus de soixante mille francs, quelle folie ! se disait-on. Cependant le P. Champagnat n'hésita pas.

Dans ses voyages à Saint-Chamond, il avait souvent jeté les yeux sur un endroit de la vallée du Gier, où il lui semblait qu'une maison de noviciat serait fort bien placée. Au moment qu'il crut marqué par la Providence, il choisit en effet cet emplacement, nommé *l'Hermitage*, et y fit élever la maison que l'on y voit aujourd'hui.

Vallon de l'Hermitage.

Là, comme à Lavalla, le P. Champagnat et ses Frères s'employèrent à la construction et rivalisèrent d'ardeur, d'activité et de dévouement. Les ouvriers qui travaillaient avec eux ne pouvaient assez admirer leur piété, leur modestie, l'esprit de mortification, d'humilité et de charité qui régnait parmi eux. Il y aurait aussi de bien belles choses à dire sur la protection spéciale et providentielle dont furent l'objet plusieurs Frères ou ouvriers employés à la construction, dans les périls imminents qui menacèrent leurs jours. Evidemment la Sainte Vierge veillait sur ses enfants.

Ce fut dans le courant de l'été de 1825, que le P. Champagnat eut le bonheur de voir sa communauté s'installer dans la nouvelle maison.

Notre-Dame de l'Hermitage.

CHAPITRE VIII

Epreuves auxquelles est soumise la vertu du P. Champagnat. — Démarches pour l'approbation de l'Institut. — Evènements de 1830. — Confiance du P. Champagnat. — Sa profession religieuse.

Le P. Champagnat n'est pas seulement le fondateur des Petits Frères, il a été aussi un des fondateurs de la *Société des Pères Maristes*. Il est toujours resté fidèle aux engagements pris avec ses confrères du séminaire ; et, tout appliqué à ses travaux apostoliques et à sa fondation, il se tenait en union de prières avec ses anciens camarades de séminaire. La reconstitution du diocèse de Belley en 1823, détaché de celui de Lyon, où il avait été incorporé en 1802, ne fit pas cesser leur accord, mais apporta quelque obstacle à la constitution d'un centre d'unité.

Le P. Colin, premier supérieur de la petite société, à peine en germe encore, appartenait désormais au diocèse de Belley.

Quand l'œuvre des Frères devint trop considérable pour être desservie par un seul prêtre, le P. Champagnat avait appelé à son aide quelques-uns de ses confrères de la future société de Marie, qui appartenaient au diocèse de Lyon. Loin d'en recevoir le secours et l'appui qu'il en attendait, il retrouva, parmi eux, les critiques et les blâmes qu'il avait déjà essuyés. L'un entreprit de le ruiner dans l'esprit des Frères, et essaya de les séparer de leur fondateur. Lui, malgré son amour pour son œuvre, dans sa fidélité à la société de Marie, se serait laissé effacer, et même il s'y prêtait.

Mais les Frères, qui comprirent à peine les tentatives essayées auprès d'eux, se montrèrent si énergiquement attachés à leur fondateur, ils le réclamèrent avec tant de calme et de résolution pour leur supérieur, et le saluèrent du titre de leur Père avec tant d'amour et d'entrain, qu'il fallut renoncer à la pensée de dénouer ou même de relâcher le lien qui les unissait.

Les peines et les chagrins que le P. Champagnat éprouva, joints aux fatigues excessives occasionnées par de longs et pénibles voyages, lui causèrent à cette époque une maladie qui le conduisit aux portes du tombeau. Dans cette douloureuse circonstance, les Frères adressèrent au ciel, pour leur bien-aimé Père, les supplications les plus ferventes. Ils furent exaucés et leur Père leur fut conservé. Lorsque, pour la première fois, il reparut au milieu d'eux, appuyé sur le bras du *Frère Stanislas*, ce fut une scène des plus touchantes. Tous se levèrent comme un seul homme, tous s'écrièrent, avec la plus vive expression de bonheur peinte sur les visages : « *C'est le Père Champagnat! C'est notre bon Père !* » Et des applaudissements, se confondant avec des larmes de joie, exprimèrent l'indicible plaisir qu'éprouvaient tous les cœurs.

Cette expression des sentiments de reconnaissance et d'attachement des Petits Frères de Marie, fut sans doute une grande consolation pour le cœur du bon Père ; mais il n'en restait pas moins pour lui une croix bien dure : ce fut le départ de l'ecclésiastique dont il avait demandé et accepté le concours. Il ne se sépara pas seulement des Frères, mais rompit les rapports de prière et de famille qui l'unissaient à la Société de Marie. Le P. Champagnat, désolé, se revoyant seul devant sa grande tâche, mais toujours fidèle à sa pratique de compter sur Dieu et non sur les hommes, ne se découragea pas. Il obtint de la bienveillance de l'archevêque le concours de quelques ecclésiastiques,

qu'il avait distingués lui-même, qui avaient déjà des liens avec la Société de Marie, ou qui, par leurs pieuses dispositions, paraissaient aptes à les accepter et à concourir à l'œuvre des Frères.

Pendant les jours de la Restauration, la congrégation des Petits Frères de Marie s'était développée en toute liberté. Plusieurs maisons qui, dans la suite, sont devenues très importantes, furent fondées à cette époque ; citons, entre autres, Neuville-sur-Saône (1826) et Saint-Etienne (Valbenoite) (1827). L'Université, malgré ses tentatives, n'avait pu mettre la main sur les petites écoles, et l'instruction primaire restait sous le gouvernement des évêques. Le P. Champagnat avait donc eu pleine liberté pour établir et régler ses classes : il lui suffisait de se mettre d'accord avec les curés et les maires.

La charité, sous la protection des évêques, se gouvernait ainsi elle-même, soutenant et défendant ses intérêts qui étaient ceux des pauvres. Elle pouvait, comme le P. Champagnat, faire des maîtres d'école

Le P. Champagnat au milieu de ses Frères, après sa guérison.

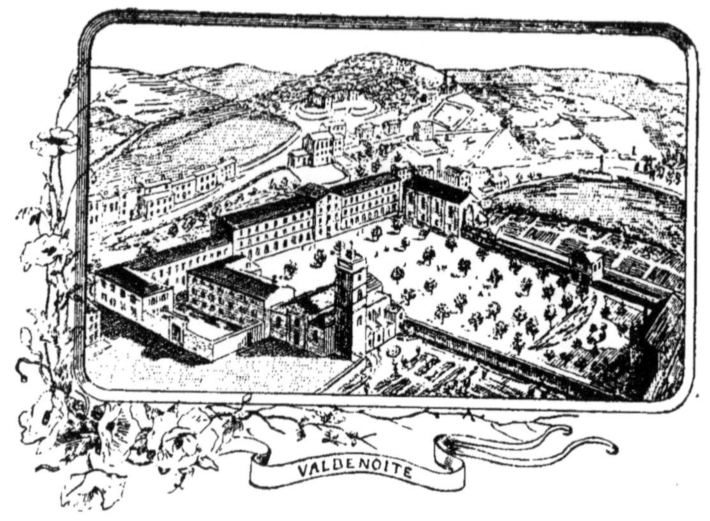

excellents avec des enfants, pourvu qu'ils eussent, comme les Petits Frères de Marie, une conscience claire et ferme de leur mission. La charité est intelligente ; elle sait discerner les sujets qu'elle a sous la main. On peut se fier à elle. Les curés des monts Pila, les maires ou les bienfaiteurs des écoles, un peu surpris parfois du jeune âge des maîtres qu'on leur envoyait, n'eurent qu'à se louer de leur confiance au petit institut et des résultats que ces maîtres savaient obtenir. Ceux-ci étaient libres d'ailleurs de leur enseignement. Le catéchisme y tenait la première place : c'était là la volonté de Dieu. Elle devait passer avant celle même des parents qui demandaient encore d'autres connaissances ; ces autres connaissances ne devaient servir, dans les écoles des Petits Frères de Marie, qu'à faire passer, parvenir et triompher la connaissance de Dieu.

L'école chrétienne est un apostolat. Le P. Champagnat et les Petits Frères de Marie voulaient gagner

Pensionnat Sainte-Marie, à Saint-Etienne (Valbenoite).

des âmes à Jésus-Christ. Ils ne se seraient pas donné toute la peine qu'ils prenaient, n'auraient pas embrassé la vie pauvre, humble, mortifiée, où ils se délectaient, pour former des lettrés et des écrivains. Leur visée était de faire des chrétiens, et ils savaient qu'en faisant des chrétiens ils créaient des hommes. Ils suivaient librement leur vocation et atteignaient leur but par les routes qu'ils avaient choisies. Ils donnaient l'instruction gratuite aux pauvres que souvent même ils nourrissaient et habillaient charitablement ; ils recevaient de légères rétributions des familles aisées, et maintenaient dans leurs classes l'égalité entre les élèves.

La Restauration ne sut pas défendre ce régime de liberté. Deux inspirations contraires agissaient sous ce gouvernement. L'une, respectueuse des anciens droits, eût voulu la liberté des consciences et celle de l'Eglise ; l'autre, nourrie de prétendues libertés nouvelles tendait à méconnaître les droits de la vérité

Le P. Champagnat visitant les Ecoles de ses Frères.

et prétendait asservir les âmes à l'Etat. Les ordonnances de 1828 furent le triomphe de cette vilaine et malfaisante inspiration ; elles modifièrent le régime de l'instruction publique et obligèrent le P. Champagnat à rechercher une autorisation légale indispensable, d'ailleurs, pour faire exempter du service militaire les membres d'une congrégation enseignante, devenue chaque jour plus nombreuse. Grâce à l'archevêque de Lyon et aux honnêtes gens qui avaient encore part au gouvernement, le résultat ne semblait pas pouvoir être douteux; et, de fait, l'ordonnance royale était dressée et allait être présentée à la signature du roi, lorsqu'éclata la révolution de 1830. Le régime de 1830, on le sait, n'était pas gracieux pour l'Eglise, ni intelligent de la liberté de conscience.

Habitué à juger toujours des choses par l'esprit de foi, le P. Champagnat ne fut ni effrayé, ni découragé par les événements de cette époque. Pendant que tout le monde tremblait et se livrait à de sinistres pressentiments, il resta calme, plein de confiance et de sécurité. « Soyez sans inquiétude, écrivait-il à ses Frères, ne vous troublez pas, ne craignez rien, ni pour vous ni pour vos maisons. C'est Dieu qui permet et qui règle tous les événements, qui les dirige et les fait tourner à sa gloire et au bien de ses élus. Les méchants n'ont d'autre pouvoir que celui qu'il leur donne. Comme aux flots de la mer, il leur dit : « Vous irez jusque-là, mais pas plus loin. »

Des bruits étranges et alarmants circulaient dans le public, au sujet de la maison de l'Hermitage. On disait que des souterrains pratiqués dans la maison étaient remplis d'armes ; on assurait même que les Frères avaient été vus, pendant la nuit, faisant l'exercice dans les dortoirs et dans les cours. On répandit aussi le bruit qu'un certain marquis était caché dans la maison, que c'était lui qui inspirait aux Frères des

projets de contre-révolution, et qu'il leur apprenait à manier les armes. Ces rumeurs calomnieuses, autant que ridicules parvinrent à l'autorité supérieure et une visite domiciliaire fut faite par le procureur du roi, assisté d'une brigade de gendarmes. Inutile d'ajouter que le procureur et les gendarmes n'eurent pas de peine à se convaincre que les dénonciations que l'on avait faites contre la maison n'étaient que des calomnies Le procureur, charmé de la franchise et des bons procédés du P. Champagnat, lui dit après la visite : « Ne craignez rien, monsieur l'abbé, je vous promets que cette visite vous sera utile. » En effet, quelques jours après, il fit insérer dans le journal de Saint-Etienne un article relatif à cette visite, dans lequel étaient démentis tous les bruits fâcheux qui avaient couru le pays. Le même article renfermait un éloge de la maison et des religieux qui l'habitaient.

Cependant l'Institut des Frères continuait à se développer; chaque année se fondaient de nouvelles écoles.

Visite domiciliaire à l'Hermitage.

Le P. Champagnat, à la suite des Ordonnances de 1828 qui modifiaient les règlements sur l'instruction primaire, pensa qu'il était nécessaire d'obtenir l'autorisation légale, afin d'exempter ses Frères du service militaire. Les démarches faites eurent un plein succès. L'Ordonnance qui approuvait l'Institut était dressée et venait même d'être portée à la signature du roi, lorsque les événements de juillet 1830 arrêtèrent une seconde fois toute solution.

Le serviteur de Dieu ne fut ni effrayé, ni découragé, et il écrivit à Mgr l'Archevêque pour obtenir la permission de faire une vêture. Sa lettre causa à ce prélat et à ses vicaires généraux un étonnement profond : « Quel homme admirable que ce M. Champagnat! « dirent-ils. Pendant que tout le monde tremble, lui « seul ne craint rien; tandis que les autres commu- « nautés se cachent, se dispersent et renvoient leurs « novices, lui se montre au grand jour et ne s'occupe « qu'à enrôler de nouveaux sujets ! »

Un événement qui fut pour le P. Champagnat le sujet d'une grande joie, ce fut l'autorisation de la *Société des Pères Maristes*, accordée par un bref du Pape Grégoire XVI, en date du 11 mars 1836.

Le 24 septembre de la même année, à la suite d'une retraite, le Révérend Père Colin fut élu supérieur général de la dite Société, le P. Champagnat fut nommé Assistant, et, avec neuf des principaux Péres, il se lia à la Société par les vœux de religion. Il eût bien voulu être du nombre des Maristes qui partirent alors pour la Polynésie, et il s'offrit de grand cœur à cette fin; mais le R. P. Colin, en se refusant à ses désirs, lui représenta qu'il était nécessaire en France, et que la Congrégation des Petits Frères de Marie avait toujours besoin de sa direction et de tout son concours. Ne pouvant suivre ces courageux missionnaires, il pria et fit prier pour eux; il leur donna comme coad-

juteurs un bon nombre de ses Frères, entre autres le *Frère Marie Nizier*, auxiliaire du *B. Chanel*. Et ce fut une véritable fête pour lui de recevoir, en octobre 1836, à Notre-Dame de l'Hermitage, l'Apôtre de Futuna, le premier martyr de l'Océanie, qui était venu lui faire ses adieux peu de temps avant de quitter la France.

Après le vote de la loi de 1833, qui mettait les écoles primaires entre les mains de l'Université, le serviteur de Dieu poursuivit avec ardeur l'œuvre commencée, et sollicita de nouveau l'approbation de son Institut par le gouvernement. « Je suis sûr, disait-il à « ses Frères, que la bonté divine nous exaucera, et « qu'elle viendra à notre secours; si elle ne nous « accorde pas l'autorisation, elle nous fournira quelque « moyen pour exempter et conserver nos sujets. » Sa confiance en Dieu ne fut point vaine. Il n'obtint pas la reconnaissance légale du gouvernement; mais il arriva au même résultat par une entente avec les *Frères*

R. P. Colin, premier Supérieur général des Pères Maristes.
R. P. Champagnat, Assistant, Fondateur des Petits Frères de Marie.

de Saint-Paul-Trois-Châteaux (Drôme), qui étaient approuvés pour les trois départements du Dauphiné.

Cependant, en 1836, il résolut de faire une nouvelle tentative auprès du gouvernement ; il fit à cette fin le voyage de Paris. Mais lorsqu'il arriva à la capitale, le ministère était changé et il fut obligé de revenir à l'Hermitage sans avoir même présenté sa requête. Il retourna à Paris au mois de janvier 1838. Le succès paraissait certain. Mais le ministre, malgré l'avis favorable du conseil, ne présenta point l'ordonnance d'approbation à la signature du roi, et la solution de l'affaire fut encore suspendue.

En quittant Paris, le P. Champagnat se rendit à *Saint-Pol-sur-Ternoise*, *Pas-de-Calais*, pour traiter avec les autorités de cette ville de la fondation d'une

Pensionnat des Frères Maristes à Saint-Pol-sur-Ternoise.

école. Cette fondation lui avait été recommandée par M. de Salvandy, ministre de l'instruction publique, au moment même où il parlait de n'autoriser l'Institut que pour les petites populations. Pour le mettre en contradiction avec lui-même, le P. Champagnat accéda à cette demande sans trop se faire prier. L'école fut fondée quelques mois après sous le bienveillant patronage de M. *Robitaille*, doyen, et le *C. F. Jean-Baptiste* en fut le premier directeur.

CHAPITRE IX

Portrait et caractère du P. Champagnat. — Ses sentiments sur la sainte joie. — Ses vertus.

Le Père Champagnat était d'une taille haute, droite et majestueuse ; il avait le front large, tous les traits de la figure bien prononcés, le teint brun, l'air grave, modeste, sérieux ; il inspirait le respect, et souvent même, au premier abord, la timidité et la crainte. Mais il suffisait de quelques instants d'entretien avec le bon Père pour se trouver à l'aise ; car le sévère de sa personne était l'effet d'un extérieur imposant et plein de dignité, tandis que la grâce et l'aménité étaient le fond de son naturel. Dieu lui avait donné un esprit droit, un jugement sûr et profond, un cœur bon et sensible, des sentiments nobles et élevés. Son caractère était gai, ouvert, franc, ferme, courageux, ardent, constant et toujours uniforme. Ces dons précieux et ces belles qualités, perfectionnés par la grâce et rehaussés par une profonde humilité et une grande charité, le rendaient extrêmement aimable à ses Frères et à tous ceux qui avaient des rapports avec lui. Dieu, qui le destinait à former des maîtres à la jeunesse, lui avait donné le caractère le plus propre à l'enseignement, afin que ses Frères, sur ce point comme sur tout le reste, pussent se former sur son exemple, et trouvassent en lui un modèle des vertus et des qualités nécessaires à un instituteur pour faire le bien parmi les enfants.

C'est à son caractère gai, ouvert, facile, prévenant et conciliant que le P. Champagnat doit une grande partie de ses succès dans le saint ministère et dans la fondation de son Institut.

Au sentiment du P. Champagnat, les hommes enclins à la tristesse et à la mélancolie ne conviennent pas à la vie religieuse, ni à l'enseignement. Aussi, il n'y a peut-être pas de défaut qu'il ait plus combattu que celui-là.

A une époque où on lisait au réfectoire la vie de saint François d'Assise, le bon Père en prit occasion de faire aux Frères une solide instruction sur la sainte joie de l'âme. « Mes Frères, leur dit-il, le grand Saint « dont nous lisons la vie, nous donne de rares exem- « ples de vertu ; mais il en est un que nous devons « particulièrement remarquer, c'est le soin qu'il avait « de fuir la tristesse, et de se conserver dans une « sainte joie. Les raisons qu'il en donne, sont : 1° que « les démons ne peuvent rien à ceux qui se conservent « dans la paix, dans la confiance et dans la joie ; 2° que « la sainte joie de l'âme est un tourment pour les « esprits de ténèbres, car ils envient à un religieux sa « vocation, les bienfaits qu'il reçoit de Dieu et les « récompenses qui l'attendent ; 3° que c'est aux dé- « mons à être tristes, et aux religieux à se réjouir, « parce qu'ils sont les enfants de Dieu. Saint François « ajoutait que la joie et la gaieté doivent être la dis- « position habituelle de l'âme des religieux. C'est cette « disposition que je vous désire à tous, et vous ne

« devez rien tant craindre que la tristesse et la mau-
« vaise humeur ; car, après le péché, il n'y a rien de
« pire, rien de plus dangereux. »

Pour conserver parmi les Frères cette joie de l'âme et cette gaité douce et modeste qu'il s'efforçait de leur inspirer, le Père Champagnat leur permettait de jouer pendant les récréations, et il préférait les voir se livrer à des jeux innocents, plutôt que causer ou se promener.

Quelques Frères d'un établissement se plaignaient de la légèreté d'un jeune Frère, disant qu'il ne pensait qu'à s'amuser, que ses enfantillages ne convenaient pas à la gravité, à la modestie religieuse et troublaient l'ordre de la maison. « Ce Frère, demanda le Père, est-il actif, propre, et fait-il bien sa cuisine ? — Je ne suis pas mécontent de sa cuisine, répondit le frère Directeur. — Etes-vous content de lui pour les exercices de piété ? — Il ne va pas bien mal pour cela ainsi que pour tout le reste ; je ne lui reproche que son trop grand amour du jeu, sa légèreté et sa turbulence. Un seul fait, pris entre beaucoup d'autres, vous fera comprendre combien ces défauts sont grands chez lui. L'autre jour, après s'être amusé longtemps dans la cour avec la brouette, et l'avoir promenée jusque dans sa cuisine et dans les classes, il finit par la monter à la salle d'étude. » — Le bon Père qui connaissait parfaitement ce jeune Frère, et qui l'aimait beaucoup à cause de sa candeur et de sa docilité, répondit à ses accusateurs : « Je suis bien fâché qu'il n'ait monté la brouette que jusqu'au laboratoire : s'il l'avait montée jusqu'au grenier, je lui donnerais une image. J'aime mieux qu'il s'amuse à cela que s'il restait oisif et s'ennuyait. »

VERTUS DU P. CHAMPAGNAT

I. Son Esprit de Foi. — Le P. Champagnat fut un modèle de vertus sacerdotales et religieuses ; mais toutes ses vertus furent enracinées dans sa foi, et ce fut sa foi vive qui les produisit, les fortifia et les développa. C'est de cette foi vive dont il était animé, que procédaient cette force et cette énergie qui le rendaient si pathétique dans ses instructions, et qui le faisaient écouter avec tant d'attention et de plaisir. On aurait cru qu'il voyait de ses yeux et qu'il touchait de ses mains les vérités de la religion, tant il en paraissait pénétré, tant il en parlait avec conviction. Dans la conversation et dans ses entretiens particuliers avec les Frères, souvent il lui échappait de ces exclamations, de ces réparties qui, dictées par la vivacité de sa foi, allaient au cœur et y produisaient des impressions ineffaçables.

C'est de son esprit de foi que naissaient, dans le pieux Fondateur, ce zèle ardent de la gloire de Dieu et de la sanctification des âmes qui le consumait, ce grand amour qu'il avait pour les enfants, ce saint désir qui le pressait de consacrer les dernières années de sa vie à la conversion des infidèles.

Cet esprit de foi lui montrait toujours Dieu présent, le conservait dans une ferveur continuelle. Après des occupations très dissipantes, on le voyait et on l'entendait prier avec un attendrissement et une onction de piété qui réchauffaient les plus tièdes et qui inspiraient l'amour de la prière aux plus indifférents. Aussi ne pouvait-il souffrir que l'on priât avec négligence, que l'on prît une posture peu respectueuse, ou seulement que l'on fît mal le signe de la croix.

Un ecclésiastique, à la suite d'une visite qu'il avait faite à l'Hermitage, disait : « Rien ne m'a tant frappé ni tant édifié que la piété de M. Champagnat ; en l'entendant prier, on est convaincu que c'est un saint ; ceux qui ont le bonheur de vivre avec lui ne peuvent manquer d'être pieux. Je n'ai fait qu'un seul exercice de piété avec lui (c'était la prière du soir), et il m'a donné des sentiments de dévotion que j'espère conserver longtemps. »

II. Sa Confiance en Dieu. — Le P. Champagnat a réussi dans tout ce qu'il a entrepris ; et, ce qui est admirable, c'est qu'il a réussi sans aucun secours humain. Quelle est la principale cause d'un pareil succès ? Point d'autre que son esprit de foi et son immense confiance en Dieu. « Quand on a Dieu pour « soi, répétait-il souvent à ses Frères, quand on ne « compte que sur lui, rien n'est impossible. »

L'histoire de la vie de notre saint Fondateur est une confirmation parfaite de cette vérité. Le succès de ses études, son arrivée au sacerdoce, les fruits de son ministère comme vicaire de Lavalla, la fondation de son Institut, l'assistance continuelle, quelquefois miraculeuse, pourrait-on dire, qu'il reçut du ciel dans tous ses besoins, tant spirituels que temporels, furent la récompense de sa confiance en Dieu.

III. Son Amour pour la Prière. — Dieu avait accordé au P. Champagnat la grâce insigne de la prière ; c'est dans ce saint exercice qu'il puisait cette foi vive qui animait toutes ses actions, cette confiance sans bornes qu'il avait en la Providence et par laquelle il obtenait tout. C'est par la prière qu'il est parvenu à un si haut degré de vertu, qu'il a gagné les âmes à Dieu, et qu'il a fondé une œuvre si utile à l'Eglise. La prière était son élément, et il s'y livrait avec tant de facilité et de bonheur, qu'elle lui paraissait comme naturelle.

C'est dans la prière qu'il a conçu et arrêté tous ses projets et toutes ses œuvres. C'est par la prière qu'il commençait, continuait et terminait tout. « Jamais, disait-il, je n'oserais entreprendre une chose sans l'avoir longtemps recommandée à Dieu ; d'abord, parce qu'il est facile à l'homme de se tromper, et de prendre les vues de son propre esprit et ses illusions pour des projets inspirés de Dieu ; ensuite, parce que nous ne pouvons rien sans le secours et la protection du Ciel. » Ce n'était pas seulement dans les choses importantes qu'il en agissait ainsi. Il faisait de même dans tout le détail de sa conduite. De là, ces pieuses et saintes pratiques qu'il a tant recommandées à ses Frères, et dont il a fait des points de règle. A son avis, avoir le don d'une solide piété c'est posséder toutes les vertus. « Si Dieu, répétait-il volontiers à ses Frères, vous « accorde la grâce et la prière, il vous accorde par là « même toutes vertus, car on peut dire de la piété ce « que Salomon disait de la sagesse : Avec elle me « sont venus tous les biens. »

Les instructions du pieux Fondateur sur la prière, avaient toujours pour effet d'inspirer une grande confiance en Dieu ; voici quelques-unes de ses pensées sur ce sujet qui lui était si cher : « Plus on demande de « grâces à Dieu, plus on en obtient. Demander « beaucoup aux hommes c'est le moyen de ne rien « obtenir ; pour avoir quelque chose d'eux, il faut « demander peu. Mais avec Dieu, il faut tenir une « toute autre conduite, et c'est honorer sa grandeur et « sa bonté que de lui demander de grandes choses. « Comme ce serait faire injure à un grand roi que de « lui demander un centime ; ainsi c'est en quelque « sorte mépriser Dieu et méconnaître sa puissance et « sa bonté, que de lui demander peu. »

L'exercice favori du P. Champagnat était celui de la présence de Dieu. Il le préférait à tout autre par inclination, par attrait, et surtout parce que Dieu lui-même l'a désigné comme le moyen le plus court et le plus efficace pour arriver à la perfection. *Marchez en ma présence*, dit le Seigneur à Abraham, *et vous serez parfait.*

A une personne qui gémissait de ne pouvoir prier, et se plaignait des distractions occasionnées par le souvenir de ce qu'elle avait vu dans ses courses au milieu de la capitale, le bon Père avoua que pour lui tout ce bruit, toute cette foule qui se croise en tous sens dans les rues, tous ces objets qui se présentent sans cesse à la vue et qui sont si propres à satisfaire la curiosité, ne lui faisaient aucune impression, et qu'il n'avait pas plus de peine à se recueillir et à se tenir uni à Dieu dans les rues de Paris que dans les bois de l'Hermitage.

IV. Son Amour pour Notre-Seigneur. — Connaître, aimer et imiter Jésus-Christ, voilà toute la vertu et toute la sainteté. Le P. Champagnat, qui avait l'intelligence de cette vérité, faisait de la vie du divin Sauveur le sujet habituel de ses méditations. Il avait une dévotion particulière à Jésus enfant. Chaque année il se préparait avec soin à la fête de sa naissance et la célébrait avec la plus grande solennité. Le mystère de la Rédemption était aussi un des grands objets de sa dévotion. Mais c'est surtout au Saint-Sacrement qu'il aimait à témoigner son amour à Jésus-Christ. Sa foi à la présence réelle était si vive, qu'on aurait dit qu'il voyait face à face Notre-Seigneur dans cet ineffable mystère.

Quand il avait quelque chose d'important à traiter, quand il lui survenait quelques contradictions ou tout autre évènement désagréable, Jésus au Saint-Sacrement était son refuge ; c'est à ses pieds qu'il examinait ce qu'il avait à faire, et jamais il ne prenait une décision tant soit peu importante sans la lui avoir recommandé.

Sa piété, dans la célébration de la sainte messe, était admirable ; sa contenance pleine de modestie, son air pénétré, la gravité de sa démarche, son ton de voix pieux et animé, tout annonçait les sentiments dont son cœur surabondait et l'impression profonde que faisait sur lui la sainteté de l'auguste sacrifice qu'il offrait à Dieu. Il ne manquait jamais de dire la sainte messe, et on l'a vu dans ses voyages faire quelquefois cinq à six lieues et plus, pour se procurer cette consolation. Souvent dans ces occasions, il restait toute la matinée à jeun, parce qu'il espérait pouvoir célébrer le saint Sacrifice en arrivant où il allait. Dans un voyage qu'il fit à Gap, en descendant de voiture il s'informe quelle heure il est. Onze heures, lui dit-on. Aussitôt il se dirige du côté de la cathédrale, où il demande à dire la sainte messe. Après son action de grâces, rejoignant son compagnon, il s'écrie : « Quelle faveur le bon Dieu m'a faite aujourd'hui ! Je ne m'attendais pas au bonheur de monter au saint autel. »

V. Sa dévotion a la Sainte Vierge. — On peut dire que le P. Champagnat avait sucé cette précieuse dévotion avec le lait ; car sa mère et sa pieuse tante s'étaient appliquées à la lui inspirer, et l'avaient établie doucement dans son cœur, dès sa plus tendre enfance.

Regardant la Sainte Vierge comme sa mère et comme la voie qui devait le conduire à Jésus, il mit sous sa protection ses études, sa vocation, son ministère sacerdotal, tous ses projets. Sa devise était : *Tout à Jésus par Marie ; tout à Marie par Jésus.*

Il croyait, avec tous les saints, que la dévotion à Marie est une marque de prédestination ; il aimait à répéter cette consolante vérité dans ses instructions, et c'est sans doute pour cette raison qu'il faisait tant

d'efforts pour faire connaitre et pour faire aimer cette auguste Vierge, et pour inspirer aux fidèles et à ses Frères une confiance sans bornes en sa protection. Bien plus, il était convaincu que tous les Frères qui auraient le bonheur de mourir dans l'Institut seraient sauvés. Plusieurs fois, on l'a entendu dire : « *J'ai la confiance que Marie ne laissera périr aucun de ceux qui persévèreront jusqu'à la mort dans leur vocation et qui quitteront la terre avec ses livrées.* »

On pourrait, en confirmation de ces dernières paroles du pieux Fondateur, rapporter ici un grand nombre de traits; nous nous contenterons d'un seul. En 1838, le *Frère Justin*, directeur de l'établissement de *Perreux* (Loire) fut atteint d'une phtisie pulmonaire qui, en peu de temps, le réduisit à l'extrémité. Ne se faisant point illusion sur la gravité de sa maladie, le bon Frère se prépara à la mort en parfait religieux. Un de ses con-

Intérieur de la Chapelle de l'Hermitage.

frères l'ayant engagé à demander à Dieu sa guérison : « Je m'en garderai bien, répondit-il, je n'ai aucun besoin de la santé, et il me suffit de faire la volonté de Dieu. Si vous saviez combien je m'estime heureux de souffrir un peu pour Notre-Seigneur, et de mourir pour le voir dans le ciel, vous ne me parleriez pas de demander ma guérison. » Plein de ces sentiments, il passa les derniers jours de sa vie dans des colloques continuels avec Jésus et Marie. Déjà il avait reçu tous les sacrements, on lui avait appliqué l'indulgence *in articulo mortis*. Son crucifix et son chapelet à la main, il attendait avec un saint désir l'heure du départ pour le ciel. Vers minuit du 23 juin, ceux qui le veillaient s'apercevant qu'il était plongé dans un profond recueillement, l'appellent, l'interrogent ; et, par ses réponses, ils s'assurent qu'il a toute sa connaissance. Comme on savait qu'il aimait à s'entretenir avec Dieu, on le laissa tranquille, et l'on se contenta de ne pas le perdre de vue. Après avoir passé près d'une demi-heure dans cette contemplation, sa figure s'anime et semble se colorer ; il joint les mains, il fait effort pour se lever et se met à sourire à plusieurs reprises. Les Frères qui le veillaient, lui ayant demandé ce qu'il voulait, et pourquoi il riait : « *Je ris*, leur répondit-il, *parce que je vois la Sainte Vierge ; elle est là, elle vient me chercher.* » Un moment après, il s'endormit paisiblement dans le Seigneur, avec le sourire sur les lèvres et les yeux fixés à l'endroit où il avait dit voir la Sainte Vierge.

Le P. Champagnat ne faisait pas consister la dévotion à la Sainte Vierge seulement dans des pratiques extérieures, il voulait que l'on s'appliquât à imiter ses vertus, et que l'on se montrât plein de zèle pour répandre sa dévotion.

Lorsqu'il avait recommandé une affaire à la Sainte Vierge, quelque tournure qu'elle semblât prendre, il était tranquille et plein de confiance. « Ne craignez rien, disait-il ; les apparences sont contre nous, mais Marie arrangera tout ; elle saura bien écarter les difficultés, dominer les évènements et les faire tourner à notre avantage. » Chose admirable ! jamais sa confiance n'a été trompée. Aussi, dans tous ses besoins, dans toutes les circonstances difficiles, c'est à Marie qu'il avait recours ; c'est à elle seule, après Dieu, qu'il voulait tout devoir; c'est de sa protection qu'il attendait tout. MARIE EST NOTRE RESSOURCE ORDINAIRE : telle était son expression favorite.

La dévotion à Marie, le désir de l'honorer, de la servir et de vivre sous sa protection étaient pour le pieux fondateur une marque de vocation. « Pourquoi venez-vous dans notre Congrégation qui est la moindre de toutes ? demandait-il une fois à un postulant. — Je viens chez vous, répondit le jeune homme, parce que votre communauté porte le nom de Marie ; parce que je désire moi-même porter ce nom et vivre sous la protection de cette divine Mère. — S'il en est ainsi, répliqua le Père, ayez bon courage ; Marie vous bénira ; vous serez heureux dans son Institut, et vous ferez un bon religieux. »

Citons un trait signalé de la protection de Marie à l'égard de son dévoué serviteur. — Dans le courant de février 1823, un des Frères de *Bourg-Argental* étant dangereusement malade, le P. Champagnat ne voulut pas laisser mourir son enfant sans le voir encore une fois, et lui donner sa bénédiction. Le temps était mauvais et la terre couverte de neige, ce qui ne l'empêcha pas de se rendre à pied auprès du malade, dès qu'il apprit qu'il était en danger. Après l'avoir béni et consolé, il se disposa à repartir pour Lavalla, bien qu'on cherchât à le retenir, par la raison qu'il était tombé ce jour même une grande quantité de neige, et que la tourmente était très grande. Ne consultant que son courage, le Père ne crut pas devoir se rendre aux prières des Frères et aux conseils de ses amis : bientôt il eut lieu de s'en repentir. Accompagné du Frère Stanislas, il entreprend, pour se rendre à Lavalla, de traverser les montagnes de Pilat ; mais ils avaient à peine marché deux heures, qu'ils s'égarèrent ; et, ne reconnaissant aucune trace de chemin, ils furent obligés d'aller à l'aventure ou plutôt à la garde de Dieu. Un vent très fort leur jetait la neige au visage et les empêchait de voir où ils allaient, au point qu'ils ne savaient s'ils avançaient ou s'ils reculaient. Après avoir erré pendant plusieurs heures, le Frère se trouva si fatigué que le P. Champagnat fut obligé de le prendre par le bras pour le conduire et lui aider à se soutenir. Mais bientôt, saisi lui-même par le froid et étouffé par la neige, il se sentit défaillir et fut obligé de s'arrêter. S'adressant au Frère : « Mon ami, lui dit-il, nous sommes perdus, si la Sainte Vierge ne vient à notre secours ; recourons à elle, et supplions-la de nous tirer du danger où nous sommes de perdre la vie au milieu de ces bois et de cette neige. » En finissant ces mots, il sentit que le Frère lui échappait et se laissait tomber de lassitude. Plein de confiance, il se met à genoux à côté du Frère, qui paraissait avoir perdu connaissance, et récite avec une grande ferveur le *Souvenez-vous*. Après cette prière, il relève le Frère et l'engage à marcher ; ils n'avaient pas fait dix pas, qu'ils aperçurent, à travers les ombres de la nuit, une lumière qui brillait à quelque distance. Ils se dirigent de ce côté et ils arrivent à une maison, où ils passèrent la nuit. Ils étaient tous les deux engourdis par le froid, et le Frère surtout fut longtemps à reprendre entièrement ses sens. Le P. Champagnat a déclaré plusieurs fois que, si le secours ne fût pas arrivé au moment même, ils périssaient l'un et l'autre, et que la Sainte Vierge les avait arrachés à une mort certaine.

VI. Son humilité. — Pénétré de l'importance et de la nécessité de l'humilité, le P. Champagnat s'attacha particulièrement à la pratique de cette vertu, et il voulut en faire le caractère distinctif de son Institut.

Il avait des sentiments si bas de lui-même, que les actes d'humilité ne lui coûtaient pour ainsi dire rien. Il vivait et se conduisait, au milieu de ses Frères, comme le serviteur de tous, partageant leurs travaux et prenant toujours pour lui ce qu'il y avait de plus pénible et de plus rebutant.

Ni le succès de son œuvre, ni le grand bien que faisaient ses Frères, et dont tout le monde lui parlait avec éloge, n'altérèrent jamais les bas sentiments qu'il avait de lui-même. « La fondation de l'Institut et « ses progrès, répétait-il en toute occasion, sont l'œu- « vre de Dieu et non la nôtre ; c'est lui qui a tout fait ; « c'est à la protection de Marie que nous devons cette « bénédiction et tous nos succès. »

Quelqu'un lui dit un jour : « Mon Père, plusieurs personnes font courir le bruit qu'il y a eu des choses merveilleuses dans les commencements de votre Institut. » « Ce bruit, répliqua le Père, a plus de fonde- « ment que vous ne croyez peut-être ; car, quel miracle « n'est-ce pas, par exemple, que Dieu se soit servi de « pareils hommes pour commencer cette œuvre ? C'est « là, à mes yeux, un prodige qui prouve péremptoire- « ment que cette fondation est son ouvrage. »

VII. Son obéissance. — Profondément convaincu de cette vérité que l'obéissance est la vertu particulière du christianisme, le P. Champagnat en fit la règle de sa conduite et il se mit toujours entièrement à la disposition de ses supérieurs. Il se méfiait tellement de son propre esprit, il était si persuadé que sans l'obéissance les meilleures choses ne peuvent plaire à Dieu, et il avait d'ailleurs un si profond respect pour ses supérieurs, qu'un seul mot de leur part eût suffi pour lui faire abandonner l'œuvre qui lui tenait le plus au cœur : la fondation de sa congrégation. Plusieurs fois il a dit à Monseigneur l'Archevêque de Lyon et à ses Vicaires généraux : « *Si vous croyez que cette œuvre* « *ne vient pas de Dieu, dites-le moi, et aussitôt je* « *l'abandonne : car je ne veux que ce que Dieu veut,* « *et je ne puis savoir ce qu'il veut de moi que par* « *vous.* »

Le pieux Fondateur avait un respect profond pour les Pasteurs de l'Eglise, d'abord pour Notre Saint-Père le Pape, dont il regardait les décisions, les avis et tout ce qui venait de lui comme des oracles. Lisant un jour à la communauté une lettre encyclique de Léon XII sur les mauvais livres, il voulut que les Frères, pour témoigner leur profond respect aux paroles du Pape, se tinssent debout pendant cette lecture.

Les Prélats avec lesquels il eut à traiter, furent ravis de l'humilité et de l'esprit de simplicité du pieux fondateur; ils lui donnèrent toutes les plus grandes marques d'estime et se montrèrent entièrement dévoués à son œuvre, ce qui était pour lui une des plus grandes consolations. « Oh! qu'on est heureux, s'écriait-il quelquefois, d'avoir tous ces saints Evêques pour nous! Peut-on craindre, quand on est conduit et protégé par les Successeurs des Apôtres, par ceux qui sont la lumière du monde, les colonnes de la vérité, le sel de la terre ! »

VIII. Son zèle pour la gloire de Dieu. — La vie tout entière du P. Champagnat n'est qu'une œuvre de zèle, et le lecteur n'a qu'à s'en rappeler les principales circonstances pour comprendre à quelle perfection ce vénérable ecclésiastique a porté cette vertu. « *Aimer* « *Dieu*, disait-il quelquefois, *aimer Dieu et travailler* « *à le faire connaître et à le faire aimer*, *voilà quelle*

« *doit être la vie d'un Frère* » Dans ce peu de mots, sans le savoir, il s'est peint lui-même et a fait toute son histoire.

Nommé vicaire à Lavalla, il renouvelle cette paroisse par les œuvres de son zèle. Les confessions, les intructions, le catéchisme aux petits enfants, la visite des malades et des écoles, la formation de ses Frères : voilà ce qui absorbait tous ses instants.

Bien que son zèle le portât à toutes les œuvres qui pouvaient contribuer à la sanctification du prochain, il avait une prédilection particulière pour celles dont le but est l'instruction et l'éducation chrétiennes de la jeunesse. C'était pour lui une douce consolation et un délassement que de faire le catéchisme aux enfants, de les former à la piété et à la vertu. Souvent il s'arrêtait dans les rues et partout où il les rencontrait, pour leur faire répéter les mystères de notre sainte Foi, pour s'informer s'ils allaient à l'école ou leur donner quelques conseils. Il lui est arrivé quelquefois de passer des heures entières à faire le catéchisme à de

Le P. Champagnat instruisant ses Frères.

petits bergers ou à d'autres enfants qu'il trouvait dans les champs ou dans les maisons, en allant visiter les malades. Dans ses voyages, s'il rencontrait des enfants, aussitôt il liait conversation avec eux, et, après quelques instants d'entretien, il leur demandait avec bonté s'ils avaient fait leur première communion et s'ils suivaient les catéchismes de l'église ; il s'informait adroitement s'ils connaissaient les mystères et les autres vérités essentielles au salut, et les leur faisait répéter ou les leur enseignait, sans qu'ils s'en doutassent. Souvent on l'a entendu dire : « *Je ne puis voir un enfant sans éprouver l'envie de lui faire le catéchisme, sans désirer de lui faire connaître combien Jésus-Christ l'a aimé, et combien il doit à son tour aimer ce divin Sauveur.* »

Le P. Champagnat profitait de toutes les occasions d'instruire les âmes des vérités saintes et de les porter à Dieu. Dans une de ses visites, étant entré dans la classe pendant que les enfants prenaient une leçon de dessin et de géométrie, il leur demanda d'abord ce qu'ils faisaient et ce qu'ils savaient sur ces sciences ; puis il ajouta : « Mes enfants, je vois avec plaisir que « vous sauriez mesurer une terre ; c'est très bien, vous « pouvez en avoir besoin plus tard ; mais n'oubliez pas « d'apprendre aussi à mesurer le ciel. On apprend à « mesurer le ciel, en apprenant combien il vaut, ce « qu'il faut faire pour le mériter, et ce qu'il en a coûté « à Jésus-Christ pour nous y donner une place !... Oh ! « mes enfants, qu'il y a de quoi mesurer dans le ciel ! « qu'il est grand, qu'il est beau, qu'il est riche ! ! Vous « connaissez l'échelle de proportion, vous venez de me « la montrer ; sauriez-vous me dire quelle est l'échelle « du ciel ? Mes enfants, ce sont les commandements « de Dieu ; si vous les connaissez, et si vous les « observez, ils vous serviront d'échelle pour monter « au ciel ! »

Un des caractères des plus marquants de la vie du Père Champagnat, c'est la générosité et la constance avec lesquelles il a pratiqué la vertu. Il s'est montré constant en tout et partout, dans les petites choses comme dans les grandes : constant dans la prière, se livrant à ce saint exercice avec une assiduité et une ferveur admirables, et cela malgré les embarras et les occupations dont sa vie a été pleine ; constant à poursuivre la correction de ses défauts, à mortifier la nature, à l'assujettir à l'esprit et à combattre en lui tout ce qui aurait pu contrarier les opérations de la grâce ou affaiblir la pureté de son âme ; constant à supporter, avec la plus parfaite résignation, les contradictions et les persécutions des hommes, les afflictions, les maladies, les adversités et toutes les peines attachées à la direction d'une nombreuse communauté ; constant dans la dévotion à la Sainte Vierge, dans son tendre amour pour Notre-Seigneur qui allèrent toujours en augmentant jusqu'à la mort ; constant dans sa vocation, travaillant sans relâche à s'y rendre fidèle, en se dévouant tout entier à ce qu'elle demandait de lui ; constant à poursuivre les œuvres qu'il avait entreprises pour la gloire de Dieu et le salut des âmes, bien que souvent les moyens humains et les ressources lui fissent défaut, et que des difficultés de tout genre surgissent pour l'arrêter. « Toute la terre serait contre moi, disait-il quelquefois, que je ne reculerais pas. Il me suffit que Dieu veuille la chose et que mes Supérieurs l'approuvent ; peu m'importent, après cela, les contradictions des hommes et les difficultés, je n'y fais aucune attention. »

Le cadre restreint que nous nous sommes tracé ne nous permet pas de nous étendre davantage sur ce chapitre des vertus du pieux fondateur ; mais que de détails édifiants nous aurions à ajouter sur les vertus que nous venons d'esquisser, puis sur son amour de la pauvreté, de la mortification, du travail, sur sa charité envers les pauvres, sur son attachement et son dévouement pour ses Frères !

CHAPITRE X

Dernière maladie du P. Champagnat. — Nomination de son successeur. — Mort du pieux Fondateur. — Réflexions.

Le P. Champagnat était doué d'un tempérament robuste ; mais ses mortifications, ses travaux excessifs, ses voyages fréquents et pénibles, les soucis et les épreuves qu'il eut à subir dans la fondation et le gouvernement de son Institut, ruinèrent bien vite sa forte constitution, de sorte que, peu avancé en âge, il fut averti par la maladie et l'épuisement de ses forces qu'il n'avait plus longtemps à vivre.

Le R. P. Colin, voyant la gravité de la maladie du pieux Fondateur, crut avec raison qu'il était nécessaire, pour la tranquillité des Frères et pour prévenir toute commotion, de pourvoir avant sa mort à son remplacement, ce qui fut agréé de grand cœur par le bon Père. En conséquence, muni des pouvoirs nécessaires, le R. P. Colin procéda, le 12 octobre 1839, à l'élection dont le résultat fut la nomination du *Frère François*, comme Supérieur général des Frères, du *F. Louis-Marie* et du *F. Jean-Baptiste*, comme assistants. Les Frères profès, au nombre de quatre-vingt-douze, offrirent alors au Frère Supérieur et aux Assistants élus, leurs devoirs de respect et de soumission. La cérémonie se termina par une messe d'actions de grâces à laquelle tous les Frères firent la sainte com-

munion. On doit regarder cette élection comme un effet de la protection de Dieu sur l'Institut : car quelques mois après, le pieux Fondateur, qui était mûr pour le ciel, s'endormait dans le Seigneur.

Au retour d'un voyage qu'il avait fait à *la Côte-Saint-André* (Isère) et à *Vauban* (Saône-et-Loire), le pieux Fondateur était déjà très souffrant. Malgré tout, il continua de se lever à quatre heures, à dire la messe de Communauté, à se rendre au réfectoire pour le repas, bien que la plupart du temps il n'y prît rien. Tout son plaisir était d'être avec les Frères, et de prier avec eux. Au mois de mars 1840, il fut pris d'un violent mal de reins qui ne le quitta plus jusqu'à la mort. L'enflûre des jambes augmenta beaucoup, ce qui ne l'empêcha pas d'être toujours calme, toujours gai, résigné à la volonté de Dieu, il voyait sans s'effrayer la douleur et la dissolution envahir tous ses membres et il continuait à suivre la Communauté autant qu'il lui était possible.

Il fit avec une grande dévotion le mois de saint Joseph pour demander une bonne mort. Le jour de sa fête, après avoir donné la bénédiction du Saint-Sacre-

F. François, F. Louis-Marie, F. Jean-Baptiste.

ment, il déclara que c'était pour la dernière fois qu'il la donnait à pareil jour. Depuis cette époque, il eut un pressentiment de sa fin prochaine, et mettant de côté toutes les affaires, il ne voulut plus s'occuper que de se préparer à bien mourir.

Le jeudi-saint, 16 avril, il voulut aller dire la messe à la *Grange-Payre*, et comme on cherchait à l'en détourner : « Laissez-moi faire, dit-il, car c'est pour la dernière fois que j'y vais ; et s'y j'attends encore, je ne pourrai pas aller dire adieu à ces bons Frères et à leurs élèves. » A son retour, il dit : « C'est la dernière fois que j'ai eu la consolation de voir ces petits enfants. »

Le 30 avril, il voulut ouvrir lui-même les exercices du mois de Marie ; mais en rentrant dans sa chambre, il dit : « C'est fini pour moi, je sens que je m'en vais. » Le 3 mai, il célébra la sainte messe pour la dernière fois. Il dit lui-même, après son action de grâces : « Je viens de dire ma dernière messe et je suis bien aise

Pensionnat de la Côte Saint-André (Isère).

que cette messe soit celle de la Croix ; car *c'est par cette divine Croix que nous est venu le salut et que Notre-Sauveur lui-même est sorti du monde.* » Depuis, ses douleurs augmentèrent d'un jour à l'autre ; mais, loin d'affaiblir sa piété elles ne firent qu'exciter sa ferveur et la vivacité de sa foi. Le 11 mai, sentant sa fin prochaine, il voulut être administré le soir même. A cinq heures, les Frères étant dans la salle de Communauté, il s'y rendit revêtu d'un surplis et d'une étole. Il se recueillit pendant quelques instants et reçut les derniers sacrements. Après la cérémonie, il resta quelques minutes comme anéanti, adorant et remerciant Notre-Seigneur avec cette piété et cette foi vive qui lui étaient ordinaires quand il célébrait la messe. Puis il dit aux Frères : « *Souvenez-vous toujours de vos fins dernières, aimez-vous les uns les autres, soyez obéissants et réguliers.* » « Mes enfants, je ne puis vous en dire davantage. *Je termine en demandant pardon à tous des mauvais exemples que j'aurais pu vous*

Le P. Champagnat reçoit les derniers Sacrements.

donner. » A ces paroles, les Frères tombant à genoux éclatèrent en sanglots, au point que le bon Père dut se retirer dans sa chambre où il resta longtemps à prier et à s'entretenir avec Notre-Seigneur.

Quelques jours après, il dicta son *testament spirituel*, monument d'ardente piété et de tendresse paternelle, qui fut écrit par le *F. Louis-Marie*, l'un de ses assistants, et lu à la communauté réunie. Précédemment il avait pris les mesures nécessaires pour sauvegarder les intérêts temporels et assurer l'existence de sa Congrégation.

Au milieu des grandes souffrances qu'il eut à endurer, sa patience et sa résignation ne se démentirent pas un instant et édifièrent extrêmement ceux qui le soignèrent ou le visitèrent pendant sa maladie.

Plus il approchait de sa fin, plus sa charité devenait ardente, plus il désirait voir Dieu et le posséder. Ses derniers jours ne furent qu'une suite d'actes d'amour et d'aspirations ferventes à Jésus et à Marie. Il ne pensait qu'au ciel, il ne parlait que du ciel et du bonheur de mourir religieux.

Ce fut le *samedi, 6 juin 1840*, que le P. Champagnat s'endormit paisiblement dans le Seigneur. Il avait dit plusieurs fois pendant sa maladie : « Je désirerais bien « mourir un samedi ; mais je ne mérite pas cette grâce, « que j'espère pourtant de la bonté de Marie. » Non seulement elle lui fut accordée ; mais il lui fut encore donné de mourir à l'heure que, depuis plus de trente ans, il consacrait à la méditation et à l'union avec Dieu. C'est au moment de la prière et à la suite du chant du *Salve Regina*, que la Mère de miséricorde l'a fait passer de l'exil à la patrie et lui a montré Jésus, le fruit béni de son sein virginal.

Le 8 juin, presque tous les prêtres du canton se rendirent à l'Hermitage pour la cérémonie des funérailles. L'office fut célébré avec toute la solennité que l'Eglise permet en cette circonstance. Le corps fut ensuite porté par les Frères à la sépulture qui lui avait été réservée dans le cimetière de la Communauté.

Avant de clore ce chapitre, jetons encore un coup d'œil sur ce que le P. Champagnat avait fait pour assurer l'existence de la Congrégation qu'il avait créée.

Dès 1826, selon les recommandations de l'archevêque d'Amasie, il avait admis les Frères à faire des vœux temporaires d'abord et ensuite perpétuels. Aux premiers jours, ils n'avaient fait que de simples promesses : se soumettant à l'obéissance, à la pauvreté, à la chasteté pour la gloire et l'amour de Dieu, dans le but de donner l'éducation chrétienne aux enfants des campagnes.

Le P. Champagnat avait enseigné à ses Frères la pratique de ces vertus délicates et fortes, et les avait formés à la vie religieuse comme il s'était formé lui-même, au jour le jour, pour ainsi dire, par un travail assidu et une vigilance continuelle. Il voulait leur donner une règle. Une règle ne s'établit que par l'expérience : il y faut du temps. Chaque année éclaircissait et définissait quelques points de discipline intérieure ou de pratique pieuse, d'enseignement ou de régime de vie, simplement parfois d'ordre extérieur, de costume par exemple. Le Père consultait les Frères, examinait avec eux les divers usages et les réglait de commun accord. Il ne voulait rien imposer aux Frères qui ne fût accepté par eux de plein gré. Quand les points de règle furent établis, fixés et mis en pratique, le Père pensa à les réunir en une sorte de code et à les faire imprimer.

Avec le concours des Frères les plus anciens et les plus habiles, il soumit le tout à une nouvelle révision qui dura près de six mois, consultant Dieu par la prière et ne prenant de décision que lorsque la lumière était faite dans tous les esprits. La règle est la vie et aussi le témoignage de la vie d'un Institut. La vertu est sans doute le fondement de tout, mais la vertu ne subsiste que par l'accomplissement de la règle. Le P. Champagnat tenait que les moindres articles devaient être observés rigoureusement, et que, de cette rigueur d'observance dépendait, avec la prospérité de la congrégation, le salut des âmes qui la composaient. Pour observer la règle, il faut l'aimer. Les Frères se formaient à l'amour et à la pratique de la règle, comme ils se formaient à l'amour de Dieu. Comment l'amour de Dieu rend faciles et délectables les sacrifices et les souffrances? C'est un mystère dont témoigne à chaque page la vie du P. Champagnat. Comment au foyer du cœur du bon prêtre, les âmes des premiers Frères de sa congrégation, de ces petits paysans à peine lettrés s'enflammèrent-elles de l'amour de la pauvreté et du désir des souffrances? C'est le renversement de la loi de la nature, c'est-à-dire de la loi du péché; et le spectacle de ce renversement est plein d'enseignement, et tout merveilleux. Comment l'âme chrétienne, à mesure qu'elle triomphe des appétits de la chair, entre dans la lumière et s'élève dans les profondeurs de Dieu? Des retranchements qui nous semblent enfantins sont récompensés, dès ici-bas par des privilèges ineffables. Le P. Champagnat, dans les commencements de son ministère, passant près d'un arbre, y cueillit une cerise et la porta à sa bouche. — Serais-je donc vaincu? s'écria-t-il tout à coup en rejetant le fruit. Est-ce à cette petite victoire qu'il dut la vertu de sobriété, qu'il pratiqua toute sa vie et poussa jusqu'à la plus extrême mortification? Combien de forces et de lumières lui apporta cette pratique, qu'on n'ose plus dire excessive quand on voit comme elle nourrit et éclaire l'âme! Celle du P. Champagnat débordait de tendresse pour les Petits Frères de Marie, une tendresse qui s'inquiétait de leur santé et de leur bien-être, mais qui veillait surtout à leur salut et à leur union avec Dieu. Ce que l'union avec Dieu donne de ressort, de beauté, de force aux âmes, il est superflu de vouloir le dire; il est impossible de l'expliquer; mais il est merveilleux et édifiant de le voir. La science, l'habileté, l'ingéniosité du P. Champagnat pour mettre les âmes des Petits Frères de Marie en union avec Dieu est exquise et infinie : et le but ici-bas de toute cette science, et la fin de cette intimité avec Dieu est le développement de la connaissance de Jésus-Christ au milieu du monde par l'instruction chrétienne des enfants.

CHAPITRE XI

Développement de la Congrégation des Petits Frères de Marie. — Son état actuel. Conclusion.

A la mort du P. Champagnat, l'Institut comptait 280 Frères et une trentaine de Postulants. Les établissements fondés étaient au nombre de *quarante-huit*, répandus dans les départements de la Loire, du Rhône, de Saône-et-Loire, de la Haute-Loire, de l'Isère et de l'Ardèche.

La Congrégation continua à prospérer sous le gouvernement du *R. Frère François*, nommé Supérieur Général, par les Frères profès, du vivant du vénéré Fondateur.

En 1842, eut lieu l'union des *Frères de l'Instruction chrétienne de Saint-Paul-Trois-Châteaux*, avec les Petits Frères de Marie, union désirée depuis longtemps par les Supérieurs et par les Frères des deux Congrégations. Elle fut suivie, en 1844, de celle *des Frères de Viviers* qui étaient placés sous la direction de M. l'abbé *Vernet,* Vicaire général du diocèse. *Mgr Guibert,* alors Evêque de Viviers, plus tard Cardinal, Archevêque de Paris, négocia cette seconde union.

En 1846, un noviciat fut fondé à Beaucamps (Nord), par la munificence de *M. le comte et de Mme la comtesse de La Grandville.* C'est à la fondation de ce noviciat, qui remonte à l'origine de la province que l'Institut compte aujourd'hui dans le Nord.

Pendant les dernières années de sa vie, le P. Champagnat avait fait plusieurs voyages à Paris pour obtenir la reconnaissance légale de son Institut ; mais il n'avait pas eu la consolation de réussir dans cette importante affaire. La divine Providence le réservait à son Successeur.

Ce fut le 20 juin 1851, après bien des prières et des démarches, que l'on obtint enfin le décret d'approbation qui assure à l'Institut une existence légale.

Les années 1852, 1853 et 1854 furent marquées par la réunion du *Chapitre général*, qui s'occupa de l'examen et de l'adoption définitive des *Règles*, des *Constitutions* et du *Guide des écoles.*

A cette même époque, la Congrégation prit un développement considérable. Les sujets arrivaient nombreux dans les Noviciats, ce qui permit de multiplier les fondations d'écoles, non-seulement en France, mais encore à l'étranger.

Cette grande extension de l'Œuvre amena d'abord la division de l'Institut en trois provinces : celle du *Centre*, celle du *Midi* et celle du *Nord.* Quelques années plus tard, de nouvelles subdivisions eurent lieu et formèrent sept provinces : trois dans le Centre, deux dans le Midi, deux dans le Nord, y compris celle des Iles.

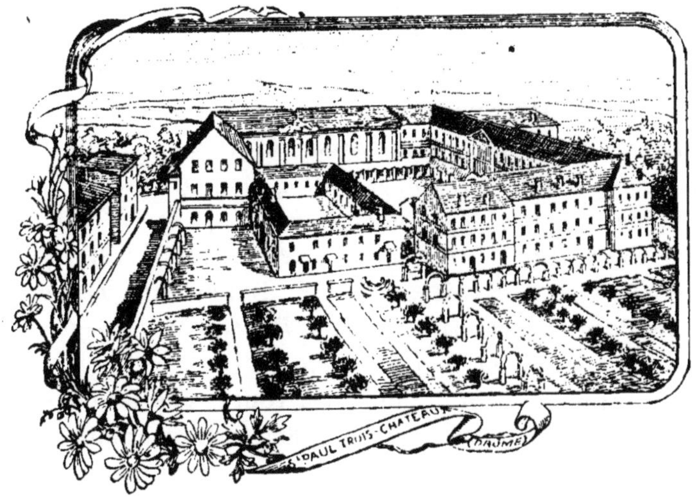

En 1860, le Frère François, Supérieur Général depuis vingt ans, se vit obligé, par raison de santé, de se démettre de sa charge. Le Chapitre général élut alors pour lui succéder le *Frère Louis-Marie* qui était premier Assistant depuis 1839.

Sous le gouvernement du R. F. Louis-Marie, le Saint-Siège voyant avec satisfaction les accroissements rapides qu'avait pris l'Institut des Petits Frères de Marie, et le bien qu'il opérait dans l'Eglise, a daigné le reconnaître et l'approuver définitivement, par un décret du 9 janvier 1863, comme Congrégation de vœux simples, sous le titre de *Frères Maristes des Ecoles*.

Parmi les encouragements et les bénédictions des Souverains Pontifes, nous devons mentionner l'exhortation à la jeunesse donnée dans l'audience que Pie IX accorda, le 9 juillet 1869, au Frère Supérieur Général. A cette occasion, le R. Frère Louis-Marie, au moment de se retirer, suppliait le Saint-Père de mettre sa signature au bas de son portrait : « *Nous voulons faire*

Noviciat de Saint-Paul-Trois-Châteaux (Drôme).

mieux, répondit Sa Sainteté, *Nous voulons envoyer Notre Apostolat à toute votre jeunesse.* »

Et aussitôt le Saint-Père, prenant le portrait, écrivit au bas, en latin, ce qui suit : *Le jeune homme ne s'écartera pas dans sa vieillesse de la route qu'il aura suivie dans sa jeunesse. Jeunes gens, soyez donc sages maintenant, afin que vous puissiez, jusqu'à la mort, persévérer dans la sagesse de Jésus-Christ.* Puis, remettant le portrait au R. F. Supérieur : *Le voilà*, dit le Pape, *Notre Apostolat : Portez-le à votre jeunesse, et qu'elle en profite bien.*

Et comme couronnement de toutes ces faveurs, Sa Sainteté daignait, le 10 juillet 1869, adresser aux Petits Frères de Marie des Ecoles, un Bref admirable contenant ces paroles : *C'est avec bonheur et reconnaissance que Nous acceptons vos bons services et vos dons, soit parce qu'ils nous viennent de fils dévoués, soit parce qu'il Nous est agréable de les recevoir de votre Institut lui-même, soit enfin, parce que Nous y voyons le gage assuré de la faveur divine sur votre œuvre.*

Dans une autre visite des Supérieurs, à Rome, au mois de Juillet 1875, le Saint-Père, au cours d'une audience, leur donna cette toute paternelle exhortation : *Mes Frères, faites tout le bien possible à vos nombreux enfants ; enseignez à tous, avec beaucoup de zèle*, LA VÉRITÉ CATHOLIQUE.

Le R. F. Louis-Marie, Supérieur Général élu en 1860, mourut le 9 décembre 1879, laissant en héritage à son Institut des écrits impérissables, l'exemple de ses vertus éminentes, et les œuvres remarquables accomplies sous son gouvernement.

Son Successeur fut le *R. F. Nestor*, doué de qualités qui promettaient à l'Institut des Petits Frères de Marie un Supérieur accompli et une nouvelle ère de prospérité. Mais d'une complexion délicate, il succomba bientôt sous le fardeau. Revenu malade d'un voyage

à Rome, il fut ravi à ses Frères par la mort, après trois ans de généralat.

Le *R. F. Théophane*, appelé à lui succéder (1883), a vu son gouvernement béni de Dieu, et, malgré les difficultés des temps, l'œuvre des Petits Frères de Marie connue et répandue dans plusieurs contrées nouvelles.

Outre les nombreuses écoles qu'il dirige dans quarante-cinq diocèses de France, l'Institut compte des établissements scolaires en Belgique, en Danemark, dans les Iles-Britanniques, en Espagne, à Rome, en Afrique, en Australie, en Nouvelle-Calédonie, en Nouvelle-Zélande, aux îles Seychelles, au Canada, aux Etats-Unis, en Colombie, en Turquie et en Chine.

Actuellement l'Institut est divisé en sept Provinces dont quatre tirent leur nom respectif du lieu où est établie la Maison Provinciale, avec le Noviciat. Ce sont celles de Saint-Genis-Laval (Rhône) ; de Notre-Dame de l'Hermitage, près St-Chamond (Loire) ; de Saint-Paul-Trois-Châteaux (Drôme) et d'Aubenas (Ardèche) ; à cette dernière province se rattachent les établissements de l'Algérie.

La cinquième, la Province du Nord, possède un

Noviciat à Beaucamps (Nord), un autre à Cublac (Corrèze) et un troisième à Arlon (Luxembourg belge).

La sixième, celle du Bourbonnais, a son Noviciat à Varennes-sur-Allier (Allier).

La septième, la Province des Iles, comprend trois districts ayant chacun un Noviciat : à Dumfries (Ecosse) pour les Iles-Britanniques ; à Sydney (Australie) pour l'Océanie et à Uitenhage, pour l'Afrique du Sud.

De la Province de Notre-Dame de l'Hermitage dépend le district du Canada, qui a son Noviciat à Saint-Hyacinthe (Canada).

De la Province de Saint-Paul-Trois-Châteaux dépend le district d'Espagne et de Colombie, ayant son Noviciat à Canet de Mar (Catalogne).

Le centre de la Congrégation, ou Maison-Mère, est à *Saint-Genis-Laval* (*Rhône*). C'est là que réside le Supérieur Général, et que se trouve le siège de l'Administration de l'Institut.

Outre les Noviciats ci-dessus désignés, l'Institut des Petits Frères de Marie en possède d'autres, dits petits Noviciats ou Juvénats, lesquels sont établis à Saint-Genis-Laval (Rhône), à Digoin (Saône-et-Loire), à Lavalla (Loire), à Saint-Paul-Trois-Châteaux (Drôme), à Serres (Hautes-Alpes), à La Bégude (Ardèche), à Cublac (Corrèze), à Londres (Angleterre), à Glasgow (Ecosse), à Dundee (Ecosse), à Sydney (Australie), à Saint-Athanase d'Iberville (Canada), à Canet de Mar (Catalogne), et à Rome.

Dans les Juvénats sont reçus les jeunes gens de douze à quinze ans en qui l'on remarque les qualités et les dispositions que demande le genre de vie auquel se vouent les Petits Frères de Marie.

Ce qui recommande l'œuvre des Juvénats, c'est le besoin urgent de multiplier les écoles chrétiennes ; c'est l'impossibilité où l'on serait, sans ce moyen, de

recruter des religieux instituteurs ; c'est l'approbation et les bénédictions que cette œuvre a reçues du Saint-Siège et de l'Episcopat ; c'est, enfin, le vœu exprimé par un Bref de Sa Sainteté Léon XIII, en date du 4 décembre 1880, de voir les Juvénats se multiplier et porter des fruits.

CONCLUSION

Par le récit succinct que nous venons de donner de la vie du P. Champagnat, et par le court historique que l'on vient de lire, il est aisé de reconnaître l'action de Dieu et la protection spéciale de la Vierge Marie, dans l'œuvre tout apostolique qu'il a fondée. Grain de sénevé au début, cette œuvre est aujourd'hui un grand arbre qui étend ses rameaux dans toutes les parties du monde.

Aujourd'hui, cinquante-trois ans après la mort de son Fondateur, l'Institut des Petits Frères de Marie comprend plus de *cinq mille membres* qui donnent l'instruction chrétienne à *cent mille enfants*. Que l'on calcule le nombre de leurs élèves depuis la fondation !

S. E. le Cardinal Foulon, Archevêque de Lyon.

que l'on compte ceux qui sont déjà morts dans la grâce et la connaissance de Jésus-Christ ; que l'on réfléchisse à la phalange des Frères endormis dans le baiser du Seigneur et dans la pratique de la vie parfaite, et l'on aura quelque idée de la puissance du pauvre prêtre sans moyens et sans ressources dont nous venons de parler. Sa mémoire est en vénération parmi les Petits Frères de Marie, qui vivent de sa vie ; parmi la Société des Pères Maristes, dont il a été l'honneur par ses vertus ; parmi le Clergé de Lyon, auquel il a ajouté un nouveau lustre, et parmi tous les fidèles qui ont reçu, ou qui font donner à leurs enfants, l'éducation chrétienne dans les écoles qu'il a instituées.

Cette mémoire se perpétue et s'élève. La Providence semble réclamer pour elle une reconnaissance publique de l'Eglise. Déjà les premières informations canoniques sur la vie, les vertus et les miracles du pieux Fondateur ont été recueillies dans le diocèse de Lyon, sous les auspices de S. E. le Cardinal Foulon, de sainte et regrettée mémoire. De plus les pièces de cet important travail ont été remises à la Sacrée Congrégation des Rites, le 12 janvier 1892.

Sans vouloir préjuger des décisions de l'Eglise, les Petits Frères de Marie espèrent donc voir cette cause introduite à Rome, et pouvoir bientôt saluer leur Fondateur du titre de Vénérable. Il augmentera le nombre de Vénérables que ne cesse de produire au XIXe siècle notre France : les Vénérables Vianney, Libermann, Fournet, Sophie Barat, Emilie de Rodat, Anne-Marie Rivier. Ce sont là les forts d'Israël, les défenseurs et les protecteurs du pauvre, les héros, les bienfaiteurs du peuple chrétien qui est le peuple de Dieu.

Gloire à Dieu seul !

TABLE DES CHAPITRES

Pages.

Abbeville, imp. C. Paillart, éditeur des Brochures illustrées de Propagande catholique.

www.ingramcontent.com/pod-product-compliance
Ingram Content Group UK Ltd.
Pitfield, Milton Keynes, MK11 3LW, UK
UKHW020333180726
13839UKWH00002B/683